- Tote Mann
- Roteck
- Rinken
- Höllental
- Zastler
- enbach
- Oberried
- Burg Birkenhof
- Burg Höfen
- Giersberg
- Kirchzarten
- B 31
- Neuhäuser
- Bruckmühle
- Kappel
- Littenweiler
- Waldsee

Das Dreisamtal

Herausgegeben von
der Kirchzartener Bücherstube

Fotos von Bertram Walter, Bernd Blattmann u. a.

Mit Texten von

Hermann Althaus, Eberhard Breckel, Claudius Heitz, Wolfgang Hug,
Erwin Lauterwasser, Jürgen W. Müller, Andreas Peikert, Johanna Pölzl,
Anton Schlaier, Heiko Wagner u. a.

FREIBURG · BASEL · WIEN

Vorwort
von Regierungspräsident Julian Würtenberger

Das Dreisamtal ist seit jeher ein gesegneter Raum, dessen Spuren bis in die Ur- und Frühgeschichte reichen. In verkehrsgünstiger Lage, eingebettet zwischen Schwarzwald und Rheinebene, war diese herrliche Natur- und Kulturlandschaft stets ein attraktiver Lebensraum für seine Bewohnerinnen und Bewohner, der sich heute als dynamischer Wirtschaftsstandort und zugleich gefragte Ferienregion vor den Toren der Stadt Freiburg präsentiert.

Zahlreiche und namhafte klein- und mittelständische Betriebe haben sich im Dreisamtal niedergelassen. Gewerbe und Einzelhandel gewährleisten eine gute Versorgung in den Ortschaften. Bodenständige und gehobene Gastronomie finden sich hier gleichermaßen. Ein gesundes Klima und ein weitgehend unverfälschtes Landschaftsbild, die Nähe zum Arbeitsplatz ebenso wie kurze Wege in die Natur machen die Dreisamtalgemeinden zu begehrten Wohnorten. Intakte Dorfgemeinschaften mit einem vielfältigen ehrenamtlichen Engagement ihrer Bürgerinnen und Bürger, einem reichhaltigen Kultur- und Sportangebot sowie der Pflege von Brauchtum und Heimat zeichnen das Dreisamtal aus.

Die Gemeinden Kirchzarten, Buchenbach, Oberried und Stegen verbindet eine konstruktive Zusammenarbeit und ein vielfältiger Austausch, sei es in der Bauleitplanung oder im Tourismus. Zum international vielbeachteten Black Forest Ultrabike Marathon präsentiert man sich gemeinsam als weltoffene und gastliche Region.

Das vorliegende Buch beschreibt das Dreisamtal in all seinen Facetten, in seiner ganzen Vielfalt und im Spiegel seiner Geschichte, seiner Landschaft und der hier verwurzelten Lebensart. Es führt seinen Lesern und Betrachtern die Attraktivität dieses von Schwarzwaldbergen umgebenen und in die Rheinebene geöffneten Tales vor Augen. Die Bandbreite und Ausführlichkeit seiner Darstellungen und Beschreibungen macht es für eine breite Leserschaft interessant. Das Fazit wird für alle gleich sein: Es lohnt sich, das Dreisamtal zu besuchen oder kennen zu lernen. Und es ist ein Glücksfall für all diejenigen, die hier wohnen und tätig sind.

Vorwort der Bürgermeister des Dreisamtals

Das Dreisamtal oder korrekterweise »Zartener Becken« wird seit Jahrtausenden von Menschen aufgesucht. Schon die Jäger und Sammler der mittleren und jüngeren Steinzeit zogen durch dieses Tal. Spätestens die Kelten, die im 6. Jahrhundert v. Chr. Mitteleuropa bewohnten, benutzten die geographischen Möglichkeiten des Zartener Beckens, um auf die Höhen des Schwarzwaldes zu gelangen. Sie gewannen damit Anschluss an den großen Handelsweg vom Mittelmeer durch das Rhonetal zum Rhein, von da über den Schwarzwald zur oberen Donau bis zum Schwarzen Meer. Der heutige Hauptort des Dreisamtals, Kirchzarten, leitet seinen Namen vom keltischen Tarodunum her, einer Großsiedlung an einem ehemaligen Verkehrsknotenpunkt, die ihren Namen an Zarten weitergegeben hat.

Seit dem Spätmittelalter entwickelten sich Weiler und Wohnplätze zu einzelnen Ortschaften, die seit der letzten Gemeindereform 1974 den heutigen Dreisamtalgemeinden Buchenbach, Kirchzarten, Oberried und Stegen zugeordnet sind.

Jahrhundertelang sorgte die Landwirtschaft für das Auskommen der Menschen und prägte das Landschaftsbild. In neuerer Zeit hat der Tourismus diese reizvolle Landschaft entdeckt, und viele Städter haben im Dreisamtal oder in den Seitentälern ihre Häuser gebaut.

Durch die Ansiedlung von Gewerbe und Dienstleistung festigen die Gemeinden ihre wirtschaftliche Basis und ziehen damit auch neue Einwohner an. Mittlerweile leben etwa 20.000 Menschen in den vier Dreisamtalgemeinden, die verkehrsmäßig sehr gut angebunden sind.

Jedes Seitental und jede Ortschaft hat seine eigene Geschichte, sein eigenes Gesicht und seine landschaftliche Schönheit. Für das aufmerksame Auge bieten sich vielerorts wundervolle und oft überraschende Anblicke. Der vorliegende Band will mit seinen Bildern dem Betrachter die Reize dieser gesegneten Landschaft erschließen und die Besucher, aber auch alle Bewohner einladen, ihren Blick zu schärfen, um den Reichtum dieser Kulturlandschaft mit vollen Zügen aufzunehmen. Er will auch ermuntern, hinauszuziehen, um die schönsten Orte und Ausblicke selbst zu erleben.

So werden die vier Dreisamtalgemeinden Buchenbach, Kirchzarten, Oberried und Stegen in ihrer Besonderheit in einem kurzen Portrait dargestellt. Sie bilden zusammen ein harmonisches Quartett und laden den geneigten Leser zum Besuch ein. Wir Bürgermeister wünschen den Betrachtern dieses Bildbandes und allen Besuchern und Bewohnern des Dreisamtals viel Freude beim Blättern und beim Entdecken unserer Heimat!

Wendelin Drescher – Buchenbach
Andreas Hall – Kirchzarten
Franz-Josef Winterhalter – Oberried
Siegfried Kuster – Stegen

Vorwort der Herausgeber

2012 feiert die Kirchzartener Bücherstube ihr 30-jähriges Jubiläum. Mit dem vorliegenden Bildband möchten wir uns bei den Bewohnern und Besuchern des wunderschönen Dreisamtals bedanken. Unser Ziel ist es, die besondere Lebensqualität unserer Region darzustellen.

Ein Vorhaben wie der vorliegende Bildband über das Dreisamtal erfordert viele kleine Planungsschritte und die Mitarbeit vieler Personen und Institutionen. Wir diskutierten mit Autoren, sprachen über die vielfältigsten Themen, streuten Anregungen, lancierten Fragestellungen, suchten die besten Fotografen. Unser Gesamtwerk hat zum Ziel, mit den verschiedensten Autoren möglichst vielfältige Aspekte darzustellen – selbstverständlich ohne Anspruch auf Vollständigkeit zu erheben.

In großzügiger Weise haben Fachleute aus den unterschiedlichsten Gebieten ihre Zeit und ihren Sachverstand eingebracht, um den Bildband entstehen zu lassen. Wir danken allen Autoren herzlich für das große Engagement und Interesse: Hermann Althaus, Eberhard Breckel, Claudius Heitz, Wolfgang Hug, Erwin Lauterwasser, Jürgen W. Müller, Andreas Peikert, Johanna Pölzl, Anton Schlaier und Heiko Wagner.

Zu Dank verpflichtet sind wir außerdem den Gemeinden und den Firmen des Dreisamtals, die das Erscheinen des Buches unterstützt haben.

Wir freuen uns sehr, dass das Verlagshaus Herder die Herausgabe dieses Bandes ermöglicht. Ganz besonderer Dank gebührt Lukas Trabert, Clara-Louise Sutterer und Alexandra Effe, die uns durch ihr professionelles und geduldiges Lektorat den Weg geebnet haben.

Zu größtem Dank sind wir den Fotografen Bertram Walter und Bernd Blattmann verpflichtet, die zu allen Jahreszeiten unermüdlich mit ihrer riesigen Ausrüstung durch das Dreisamtal gestreift sind, sowie allen anderen, die Fotos zur Verfügung gestellt haben. Bertram Walter wagte sich sogar in einen Hubschrauber mit ausgehängten Türen, um Luftaufnahmen zu machen. In diesem Zusammenhang sind weiterhin Wolfgang Frey und Werner Reichel, die diesen Flug ermöglicht haben, zu nennen.

Wir wünschen den Lesern viel Freude und Inspiration.

Karin Schmidt & Katrin Beltrán Gómez

▶ In der Dreisam sind immer wieder Steintürme von unterschiedlicher Größe zu sehen, die sowohl von Künstlern als auch von Passanten erbaut werden.

Das Dreisamtal und die Dreisam

Das Dreisamtal, vom Geographen gemeinhin (korrekter) Zartener Becken genannt, erstreckt sich östlich von Freiburg bis weit in den Schwarzwald hinein. Der Grundriss der Beckenlandschaft ist einer ausgebreiteten Hand vergleichbar: Der Daumen zeigt nach Oberried, die Finger zeigen nach Falkensteig (Höllental), Buchenbach (Wagensteigtal), Ibental und Eschbach. Die Handwurzel ist der Ausgang des Beckens nach Westen, d. h. nach Freiburg mit Ebnet, Kappel und Littenweiler. Geographisches Zentrum des Dreisamtals ist Kirchzarten. Das Gefälle zwischen Himmelreich (485 m), dem Eingang zum Höllental und Schwarzwald, und dem Wiehrebahnhof (282 m) in Freiburg ist erheblich; es liegen 200 Meter Höhenunterschied zwischen den beiden Ortschaften.

Die Entstehung des Zartener Beckens fällt in die Zeit der Herausbildung der Oberrheinischen Tiefebene, die sich über etwa 300 km von Basel bis Mainz erstreckt. In diesem Gebiet, das sich innerhalb einer vom Mittelmeer bis nach Südnorwegen reichenden geologischen Bruchzone befindet, begann sich vor etwa 50 Millionen Jahren der Oberrheingraben einzusenken, während an seinen Rändern Schwarzwald und Vogesen emporgehoben wurden. Dieser Prozess dauert auch heute noch an, was sich in gelegentlichen Erdbeben manifestiert. Im Laufe der Erdgeschichte füllte sich der Graben mit den über die gesamte Fläche abgelagerten Gesteinen und Abtragungsmaterialien der Randgebirge Schwarzwald und Vogesen. Die so entstandene Rheinebene mit ihren teilweise tiefgründig verwitterten Braunerdeböden ist vor allem im Süden von kleineren Gebirgen und Hügeln durchsetzt. Auf diesen zur sogenannten Vorbergzone zählenden Erhebungen, die 200 bis 300 m, im Kaiserstuhl sogar knapp 400 m über die Ebene emporragen, gedeihen die Trauben wunderbar schmeckender Weine.

Quer zum Oberrheingraben verläuft eine weitere Bruchzone, der »Bonndorfer Graben«. Teil dieses Grabens, der sich von den Vulkanen des Hegaus über den Schwarzwald zieht und bei Freiburg auf die Rheinebene trifft, ist unser Zartener Becken. Als markanter und auf Übersichtskarten deutlich zu erkennender Einschnitt teilt es den Südschwarzwald (höchster Berg: Feldberg mit 1495 m) vom Mittleren Schwarzwald (Kandel 1242 m). Als Abgrenzung des Mittleren vom Nördlichen Schwarzwald (Hornisgrinde 1164 m) gilt für gewöhnlich das Kinzigtal.

Charakteristisch für das Dreisamtal sind die steilen Anhebungen mit den saftigen Wiesen und den umsäumenden Mischwäldern. Mit einer Jahresmitteltemperatur von 9 °C, einem jährlichen Niederschlag von 1100 mm (Ostteil) und einer Sonnenscheindauer in Kirchzarten von 1855 Stunden (im Vergleich: Köln hat 1385 Stunden) gehört das Dreisamtal zu den wärmsten Regionen in Deutschland.

Die Dreisam entsteht aus dem Zusammenfließen dreier Bäche, dem Ibenbach, dem Wagensteigbach und dem Rotbach, die sich nördlich der Brücke an der Landstraße zwischen Kirchzarten und Stegen vereinen, und mündet Rich-

tung Norden in den Rhein. Über die Herkunft ihres Namens besteht kein Konsens. Der Volksmund begründet den Namen aus dem Zusammenfließen der drei Flüsse: »Dreizusamm«. Wiederum andere leiten ihren Namen von treiz (Sand) ab oder meinen einen Zusammenhang mit dem keltischen Wort truesa (versanden) oder tragisima (schnellfließend) erkennen zu können. Neben der Dreisam charakterisieren eine Vielzahl von Bächen – Brugga, Krummbach, Rotbach, Wagensteigbach, Ibenbach, Eschbach – die Landschaft.

Zahlreiche Tiefbrunnen erschließen ein großartiges Grundwasser-Reservoir. Das kalkfreie, chemisch fast reine Wasser ist über das Dreisamtal hinaus bekannt und wird seit 140 Jahren von der Stadt Freiburg genutzt. In Littenweiler am Sandfangkanal wird ein Teil des Wassers in die berühmten Freiburger Bächle geleitet, die durch die Innenstadt fließen. Noch vor der Begradigung der Dreisam von Kirchzarten nach Riegel, die in den Jahren 1816 bis 1845 nach den Plänen von Johann Gottfried Tulla durchgeführt wurde, hatten die Menschen in der Umgebung des Flusses oftmals mit heftigen Hochwassern zu kämpfen. Topographie und Niederschlag wie auch die alljährliche Schneeschmelze, das »Weihnachtstauwetter«, im Winter führten regelmäßig zur Überflutung der Ufer. So ereignete sich bereits 1480 ein schweres, das vermutlich schlimmste Hochwasser in Freiburg, bei dem 30 Menschen ums Leben kamen und das damalige Dorf Wiehre vollkommen zerstört wurde. Trotz der aufwendigen Begradigung erfolgte im März 1896 ein weiteres für Freiburg folgenreiches Hochwasser, bei dem mehrere Brücken, unter anderem die Schwabentorbrücke, einstürzten und einige Menschen ums Leben kamen. Es war allerdings das letzte Hochwasser dieser Größenordnung. Mit der Begradigung sollte ein schnellerer und sicherer Abfluss gewährleistet werden. Die Dämme entlang der Dreisam verhindern ein Übertreten des Wassers. In den Jahren 1991 und 2001 stieg die Dreisam abermals gefährlich an. Dank dieser Dämme konnten allerdings schwerere Schäden verhindert werden.

Interessant zu beobachten ist die Vielzahl an Reptilien, Amphibien und Vögeln, denen die Dreisam als Lebensraum dient. Der Graureiher ist selbst in der Innenstadt anzutreffen und ist ein charakteristisches Merkmal in der Landschaft. Die manchmal bis zu einem Meter großen Vögel siedeln mit einem Abstand von ca. 400 Metern, die Größe ihres Reviers, in der Dreisam. Nachdem der Graureiher als gefährlicher Konkurrent zur Fischerei zeitweise fast ausge-

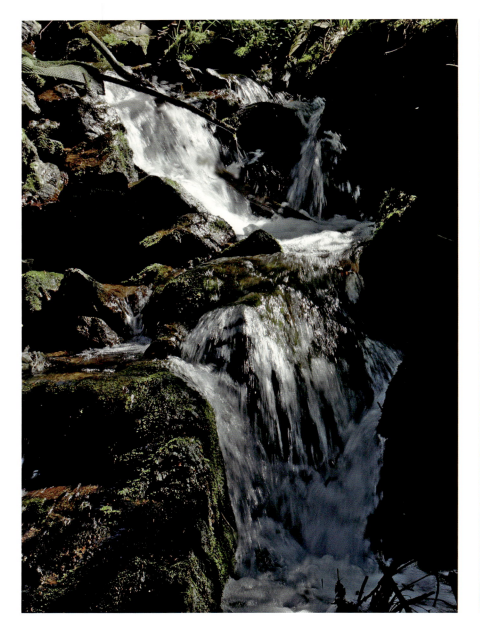

▶ Drei Bäche vereinigen sich zur Dreisam: Wagensteigbach (oben links), Ibenbach (oben rechts) und der aus dem Höllental kommende Rotbach (unten rechts).

rottet worden war, steht er seit den 70er Jahren in Baden-Württemberg unter Schutz.

In früheren Jahrhunderten war die Dreisam von enormem wirtschaftlichem Wert. Sie war insbesondere bedeutend für die Fischerei, die Holzflößerei, die Edelsteinschleiferei, die Gerberei und für den Antrieb der Mühlen von Schmieden, Hammer- und Sägewerken. Auch der Bewässerung umliegender Felder diente sie. Heute ist die Dreisam Ort zahlreicher Freizeitaktivitäten wie Spazierengehen, Sonnen- und Wasserbaden oder Fahrradfahren am Ufer entlang. Mit der Rückbesinnung auf regenerative Energien wurde die Dreisam aber auch als Energielieferant wiederentdeckt. So entstanden auch hier entlang der Ufer eine Reihe kleinerer Wasserkraftwerke.

▶ Dreisam-Impressionen

▶ Kaum einem christlichen Heiligen wurde im gesamten Habsburgerreich während der Barockzeit so viel an Verehrung entgegengebracht wie dem Prager Generalvikar Johannes von Pomuk (um 1345–1393). Aus politischen Gründen getötet durch einen Sturz in die Moldau auf Befehl König Wenzels, ist er heute der Schutzpatron aller am Wasser lebenden und arbeitenden Menschen und auch der Priester. Längs der Dreisam und ihrer Zuflüsse gibt es zahlreiche Nepomuk-Darstellungen. Nicht selten machten die Schneeschmelze oder starke Gewitter auch die kleinen Bäche zu einer Bedrohung für das ganze Tal. Die abgebildete Darstellung befindet sich in einer gemauerten Nische bei Ebnet.

▶ Das Wasser im Tal wurde jahrhundertelang zum Antrieb von Mühlen und Schmieden genutzt. Die Kienzlerschmiede aus dem 18. Jahrhundert, gelegen am Osterbach, steht aufgrund ihres kulturellen Wertes unter Denkmalschutz und erinnert an das in hoher Blüte stehende, in Kirchzarten seit dem 14. Jahrhundert nachweisbare Schmiedegewerbe. 1862 zählte man vom Zastlertal bis Hinterzarten 26 Schmieden. Zwei unterschlächtige Wasserräder in getrennten Schussrinnen lieferten die Kraft, um einen gewaltigen hölzernen Wellenbaum und sechs weitere Maschinen anzutreiben. Die Kienzlerschmiede, in der u. a. Hufeisen, Kleinwerkzeuge und Speichenräder hergestellt und bearbeitet wurden, wurde bis in die 1960er Jahre von Theodor Kienzler betrieben, ehe sie von der Gemeinde übernommen wurde.

Regenerative Energien

▶ Biogasanlage in Oberried

Seit etlichen Jahren achten die Gemeinden im Dreisamtal auf die Nutzung regenerativer Energien. Dazu wurde eigens auf dem Dach des Schulzentrums und unter Einbeziehung der Schüler aller drei Schularten im Jahr 2000 eine damals 30kWp-Solarstromanlage installiert. Für die Unterstützung und Umsetzung dieses Projektes wurde der Gemeinde Kirchzarten von der Deutschen Umwelthilfe e.V. und der Solarstrom AG im November 2000 der Titel Solar-Kommune verliehen. Sie war damit die dritte Gemeinde in Deutschland, der dieser Titel verliehen wurde.

Zuletzt wurde im Juli 2011 ein Wasserkraftwerk am Osterbach in Betrieb genommen. Von den gewonnenen 600.000 Kilowattstunden können 150 Dreipersonenhaushalte ihren Energiebedarf decken. Gespart werden dadurch etwa 40.600 Euro Klimakosten. Ein weiteres kleines Wasserkraftwerk ist im Ortsteil Dietenbach geplant.

Auf dem Gebiet der Nutzung erneuerbarer Energien ist insbesondere die Gemeinde Oberried sehr engagiert. Da zwei Drittel der Gemarkungsfläche von Wald bedeckt sind, baut Oberried bei der Nahwärmeversorgung öffentlicher und gemeindeeigener Einrichtungen und Gebäude verstärkt auf die Effizienz von Hackschnitzelanlagen sowie kleiner Blockheizkraftwerke. Der Wille zu einem verantwortungsvollen Umgang mit der Natur sowie ökonomische Gesichtspunkte haben dazu geführt, dass der kleine Ort im Dreisamtal sich sukzessive von Gas und Öl als Energiequellen verabschiedet.

Ebenso ist der Bau von Biogasanlagen vorangetrieben worden. Ein Drittel der in der Biogasanlage produzierten Abwärme wird zur Beheizung des wärmegedämmten Gärbehälters genutzt. Auch Solarenergie wird in Oberried genutzt. So wird der bei Wanderern besonders beliebte Rappenecker Hof, der seit 1987 dem Fraunhofer ISE als Forschungsprojekt dient, zu 100 Prozent mit erneuerbaren Energien versorgt.

Eindrücke über die Nutzung regenerativer Energien im Dreisamtal, gewonnen durch Sonne, Wind, Holz und Biogas, kann der Interessierte auf einer Wanderung entlang des Naturenergielehrpfades sammeln, der 2001 entstanden ist. Ausgangspunkt mit erläuternden Tafeln ist das Schulzentrum Kirchzarten.

▶ Die Heizzentrale der Hackschnitzelanlage versorgt das Neubaugebiet Winterhalter II mit Fernwärme.

▶ Unten: Hier wird der Osterbach durch eine Wasserweiche angestaut und es wird Wasser für eine Turbine beim Bildungszentrum Kirchzarten entnommen.

▶ Linke Seite oben: Der Naturenergielehrpfad beginnt am Schulzentrum in Kirchzarten, verläuft mit mehreren Stationen über Oberried und endet am Sportzentrum in Kirchzarten.

▶ Linke Seite unten: Hier fließt das Wasser nach der Energiegewinnung in einem Kleinwasserkraftwerk zurück in den Osterbach.

▶ Dank seiner Solarstromanlage und seiner Windkraftanlage ist der Rappenecker Hof die erste solarbetriebene Gaststätte in Europa.

▶ An dieser Wasserweiche wird Wasser der Brugga zur Energiegewinnung abgezweigt.

▶ Oben: Hier wird das Wasser von mitschwimmendem Unrat gereinigt.

▶ Mitte und unten: In diesem Häuschen, das an der Brugga steht, wird letztendlich der Strom gewonnen.

▶ Wie inszeniert liegt das Sonnenlicht auf dem herbstlichen Mischbestand bei St. Peter.

Der Wald ums Dreisamtal

Wald gibt es im Talboden des Dreisamtals kaum. Siedlung und Landwirtschaft haben ihn verdrängt. Umso reicher schmückt der Wald die Berge, die er umsäumt. Wie ein Vorhang mit vielfältigem Faltenwurf legt er sich auf ihre Rücken und gibt nur wenige Ausschnitte an den Hängen frei, wo sich Wiesen an den sonst so steilen Hängen nutzen lassen.

So arm an Wald das Tal ist, so reich ist die Geschichte der umliegenden Wälder. Natur und Mensch gestalteten maßgebend diese Landschaft. Mit dem Abschmelzen der letzten Eiszeit, die etwa 10.000 v. Chr. endete, begann sich der Wald vom Tal auf die Höhen durchzusetzen. Die Talsohle liegt um die 400 Meter über NN, der höchste Punkt auf dem Feldberg 1100 Meter höher. Die Täler im Südwesten, St. Wilhelm, Zastler und das Höllental, sind voreiszeitlich tief eingeschnitten mit steilen Flanken. Der Anstieg im Osten zum Mittleren Schwarzwald hin ist sanfter abgestuft. Die klimatischen Unterschiede sind erheblich; allein die Temperatur sinkt vom Tal zum Feldberg von 9,0 °C auf 3,1 °C im Jahresmittel, und die Niederschläge erreichen auf dem Feldberg mit 1900 mm pro Jahr nahezu das Doppelte der Menge im Tal. Nimmt man die Winterdauer oder die Fruchtbarkeit des Bodens hinzu, wird deutlich, dass sich unter diesen Bedingungen auch unterschiedliche Waldformen bilden mussten. Im Tal bis zu den unteren Bergrändern dominierte die Eiche, weit in die Höhe war die Buche vorherrschend. Kräftig beigemischt war die Weißtanne, und die Fichte fand sich nur an Moorrändern und in speziellen

Hochlagen. Vereinfacht kann man sagen, dass vor der Besiedelung des Schwarzwalds an den Einhängen des Dreisamtals der Bergmischwald, überwiegend aus Buchen und Tannen, vorherrschte.

War es bis dahin die Natur, die die Geschichte des Bergwaldes geschrieben hat, übernahmen dies nun die Menschen, die sich zur Landwirtschaft in Mönchs- und Bruderhöfen niederließen. Ursprünglich von Brüdern bewirtschaftet, wurden die Höfe später zu Erblehen oder teilweise von den Siedlern als Eigentum erworben. Im Mittelalter war zunächst nur der dem Wald abgerungene landwirtschaftliche Boden von Wert. Mit dem 15. und 16. Jahrhundert wurde aber auch Holz begehrt. Die Köhlerei kam auf. Der Transport des Holzes war überaus schwierig, denn es gab kaum Wege. Die leichte Holzkohle ließ sich einfach mit Eseln oder Pferden zum Verbraucher tragen. Dann gewann die Flößerei aus den Tälern und auf der Dreisam an Bedeutung. Man ließ das Holz als ganze Stämme in entsprechend hergerichteten Riesen – also Rutschbahnen – zu Tale schießen oder kurz gesägt in entsprechend zurechtgezimmerten Holzrinnen hinab gleiten. Unten wurde das Holz gesammelt. Damit auch kleinere Bäche aus den Nebentälern der Dreisam flößbar wurden, mussten Stauweiher angelegt werden, die man öffnete, um mit dem starken Schwall des Wassers das angesammelte Holz zur Dreisam oder zu den parallel laufenden Bächen, die entsprechend ausgebaut waren, zu flößen. In Zarten war ein Stapelplatz eingerichtet, von wo aus ein eigens gebauter Kanal das Holz aufnahm, auf dem es zum Freiburger Holzmagazin am Nägelesee geschleust wurde. Die Flößerei im Dreisamtal kam erst Mitte des 19. Jahrhunderts zum Erliegen.

Mit der wachsenden Nachfrage nach Holz hat die Abnutzung des Baumbestandes im Schwarzwald begonnen. Gefragt war nicht nur Brenn- und Bauholz für Städte wie Freiburg. Auch der Bergbau, wie am Schauinsland intensiv betrieben, hatte enormen Bedarf, und Glashütten waren geradezu Waldfresser. Sie brauchten nicht nur das Holz, um das Silikat für das Glas zu schmelzen, sie benötigten auch die Asche für die Herstellung. Schließlich bedrängte auch die Landwirtschaft den Wald. Um dem Vieh Nahrung zu verschaffen, wurde es in die Wälder getrieben. Dort fraß es nicht nur Gras, sondern auch junge Baumpflanzen. So konnte sich der Wald kaum verjüngen. Unter dem Tritt der Hufe litten die Baumwurzeln und der Boden verdichtete sich. Zusätzlich wurde das Laub aus den Wäldern gerecht, das als Streu in den Ställen verwendet wurde, denn Stroh war knapp. Die Nährstoffe wurden somit dem Waldboden entzogen.

Die Folgen wurden einsichtigen weltlichen wie geistlichen Landesherren bewusst und sie besannen sich auf eine radikale Umkehr. Der Berghauptmann Hans Carl von Carlowitz, dem das Holz für den Bergbau auszugehen drohte, nahm 1713 die forstliche Forderung »bleibende und beharrliche« Nutzung der Wälder auf und umschrieb dies erstmals mit dem Begriff Nachhaltigkeit. »Forstordnungen« sahen nun vor, dass nicht mehr Holz genutzt werden durfte als nachwächst. 1766 erließ der dem Kloster Oberried verbundene Fürstabt Martin II. von St. Blasien für seinen geistlichen Herrschaftsbereich schon früh eine Forstordnung. Im Dreisamtal galt ab 1787 die Wald-, Holz- und Forstordnung für die vorderösterreichischen Lande. Mit strengen Vorschrif-

▶ Alle Sinne weckt der Wald im morgendlichen Spiel des Lichtes.

ten wurden die Waldbesitzer dazu gezwungen, die Wiederaufforstung voranzutreiben. Tatsächlich wurde der Rückgang des Waldes radikal gestoppt, und eine rasante Wiederaufforstungswelle nahm ihren Anfang. Sie wurde erleichtert, als Kohle das Holz als wichtigsten Energieträger ersetzte und chemische Dünger die Landwirtschaft ertragreicher machten. Große Flächen fielen an den Wald zurück, dessen Schutz vor Erosion und Überschwemmungen wieder zum Tragen kam. Gewinner unter den Baumarten war die Fichte. Sie wurde mit den Kahlflächen am besten fertig, anders als die Buchen und die Tannen, die als junge Pflanzen unter Sonne und Frost leiden und vom Wild gerne gefressen werden. Die Fichte, oft in Reinbeständen angepflanzt, wurde im Schwarzwald vorherrschend trotz ihrer ökologischen Schwächen. Sie wurzelt sehr flach, hat eine für den Boden ungünstige saure Streu und ist anfällig für den Rotfäulepilz und den Borkenkäfer. Dass sie dennoch über den Zweiten Weltkrieg hinaus gefördert wurde, ist ihrer Wirtschaftlichkeit und ihrem gesuchten Holz zuzuschreiben. Seit Mitte des 20. Jahrhunderts wird systematisch auf Mischwald aus Tanne, Buche und Fichte gesetzt. Ahorne, Eschen, Erlen, Linden, Kirsch- und Nussbäume und in den wärmeren Lagen auch Eichen bereichern das Spektrum der nun bevorzugten Baumarten. Der Blick in die Wälder um das Dreisamtal zeigt, wie die Aufmischung der Nadelholzbestände fortschreitet.

Die Verteilung des Waldeigentums spiegelt ihre Besitzgeschichte. Die ehemaligen Klosterwälder sind nach der Säkularisation dem Staat zugefallen und machen den höchsten Anteil aus. Es folgen die Gemeindewaldungen. Kirchzarten nennt zwar nur 40 ha sein Eigen, aber Oberried besitzt beispielsweise 1055 ha, Zastler 508 ha, dazu kommen Waldgenossenschaften wie in Oberried mit 415 ha. Privater Waldbesitz ist besonders geschlossenen Hofgütern zugeordnet. Der Wald trägt gerade bei ihnen zum Einkommen bei. Dies nicht nur durch den laufend nutzbaren Zuwachs, oft ist der aufgesparte Holzvorrat die Reserve, wenn Investitionen in Haus und Hof anstehen. Trotz des Risikos von Sturmschäden wird Holz als sicherer als manche Banknote angesehen. Selbst die Gemeinden konnten lange Zeit mit dem Holzertrag ihren Haushalt ausgleichen und Schulen oder Hallen bauen.

Dramatisch ist im Dreisamtal der Rückgang der einst zahlreichen Sägewerke. Heute gibt es nur noch das Sägewerk der Waldgenossenschaft Oberried, das Sägewerk Heizler im Ibental und von überregionaler Bedeutung die »Dold Holzwerke« in Buchenbach, die sich im unerbittlichen Konkurrenzkampf mit innovativen Ideen durchsetzen konnten.

Eigentum und materieller Nutzen sind nur ein Aspekt des Waldes. Er ist unser aller Gut, gewährt Schutz und Erholung, und nicht nur Botaniker schätzen die Artenvielfalt, die uns der das Dreisamtal umsäumende Wald schenkt. Wie angenehm ist es, den Schatten alter Waldbestände aufzusuchen? Man muss nicht romantisieren, um an all die Sinne zu erinnern, die dabei geweckt werden. Wir können die Vielfalt der Bäume, Sträucher, Gräser, Moose und Beeren sehen, die Lebensraum der Wildtiere, Vögel, Insekten und Pilze sind. Wir können den vielstimmigen Vogelgesang im Frühjahr hören und die gedämpften Töne wahrnehmen, wenn der Schnee alles zudeckt. Wir fühlen und spüren den Wind, wie er mal warm, mal kühl durch die Bäume weht. Und nicht zuletzt atmen wir in reiner Luft und riechen den Duft der Kräuter, Beeren, des Mooses und Harzes, der sie durchtränkt.

▶ Linke Seite: Ursprünglicher Mischwald dominiert von Weißtannen und Buchen an den Steilhängen im Zastlertal (oben) und im St. Wilhelmer Tal.

▶ Wie ein aufgebauschter Vorhang zieht sich der herbstlich bunte Laubwald durch die aufgeforsteten Nadelbestände.

▶ Mächtig dringt der Wald in die Täler; noch sind die Wiesen anmutig frei.

▶ Rechte Seite: Die Brugga, eine der Nebenadern der Dreisam, bereichert mit ihrer Ufervegetation die Artenvielfalt im Dreisamtal.

▶ Der Feldberg ist der höchste in der Kette der Berge rund um das Dreisamtal. Hier der Blick über das St. Wilhelmer Tal, dessen mächtigen Abschluss er bildet.

▶ Baumreihen, die dem Verlauf der Bäche folgen, gliedern reizvoll das Tal.

▶ Westlich des Kirchzartener Ortsteils Burg gab es eine alte keltische Befestigungsanlage. Hier der Blick auf die Steilböschung der eiszeitlichen Terrasse, auf deren Oberkante eine Befestigungsmauer verlief. Heute sieht man nur noch einen flachen Wall.

Kurzer Abriss der Geschichte des Dreisamtals

Schon früh zogen Jäger und Sammler durch das Tal. Von ihren Spuren ist jedoch kaum etwas geblieben. Im 2. Jahrhundert v. Chr. entstand auf dem Gewann »Rotacker« bei Zarten eine unbefestigte keltische Siedlung. Ihr Name »Tarodunum« ist später – im 2. Jahrhundert n. Chr. – in einer Ortsnamensliste bei Ptolemaios, einem Geographen im ägyptischen Alexandria, überliefert. Funde zeugen von großem Wohlstand der mindestens 12 Hektar großen und dicht bebauten Siedlung. Dieser Wohlstand beruhte überwiegend auf dem blühenden Handwerk, wie zahlreiche Schlacken und Gussreste zeigen, dem Münzgeld aus Gold, Silber und Potin, der Produktion von Glasschmuck wie auch der Viehzucht. Dem Vertrieb diente eine wichtige Handelsroute durch den Schwarzwald bis zur oberen Donau – ein früher Vorläufer der heutigen B 31.

Im süddeutschen Raum gibt es eine Reihe an alten keltischen Befestigungsanlagen, allerdings ist das im Dreisamtal gelegene Tarodunum eine der beachtlichsten. Um etwa 100 v. Chr. entstand, ungefähr 1–2 km von Zarten entfernt, eine Befestigungsanlage, die aber nie fertiggestellt wurde. Offenbar wollten die Kelten ihre Siedlung in diese neue Festung verlegen. Durch die landwirtschaftliche Nutzung eingeebnet, ist heute zwischen dem ehemaligen Gasthof Rainhof und dem in der Gemarkung Buchenbach gelegenen Gasthaus Schlüssel ein verflachter Wall zu erkennen, unter dem bei Ausgrabungen 1901 eine Mauer mit Tor entdeckt wurde.

Nach dem Zusammenbruch des Handelsnetzes und dem Ende der Großsiedlung überlieferten keltische Bauern den ankommenden Römern den Namen »Tarodunum«, welcher dann über »Zarduna« im Frühmittelalter, um 765 n. Chr., zu »Zarten« wurde. Das keltische »Tarodunum« ist damit noch heute im Gemeindenamen Kirchzarten mit Ortsteil Zarten erhalten.

▶ Eine Goldmünze, die im 2. Jahrhundert v. Chr. in Tarodunum von den dort ansässigen Kelten hergestellt wurde. Neben Gold gab es auch Münzen aus Silber und Potin. Das Schild verweist auf den Tarodunum-Rundgang.

Während etwa ab dem späten 1. Jahrhundert n. Chr. die Besiedelung im Dreisamtal wieder stark zunahm, reduzierte sich im 3. Jahrhundert die Zahl der römischen Sieder durch die innerrömischen Wirren und die wachsende Bedrohung des römischen Imperiums von außen. Der Schwarzwälder Bauer ließ sich davon allerdings nicht beirren, und so kam es, dass eine Reihe von Leuten – ungeachtet der politischen Wirrnisse – im Dreisamtal geblieben ist. Den abgewanderten Römern folgten Germanengruppen – von den spätrömischen Schriftstellern als »Alamanni« oder (im Breisgau) als »Brisigavi« bezeichnet –, die aber zunächst nicht im Dreisamtal sesshaft wurden. 746 wurden die Alemannen endgültig von den Franken unterworfen, die den südlichen Raum zu durchdringen versuchten. Unter der fränkischen Herrschaft, die mit dem Klosterbesitz St. Gallen im 8. und 9. Jahrhundert im Breisgau ausgedehnte Rechte und Güter erworben hatte, wurde Zarten zum topographischen Bezugspunkt, Gerichtsort und Verwalter der Zehntscheuer. Ein Hofgut in der »Marcha Zardunense«, im Ort Zarten,

▶ Überreste einer Keltenmauer (unten; links die Nachbildung auf dem Kreisverkehr zwischen Kirchzarten und Stegen). Die Länge der umlaufenden Befestigung betrug 6 km. Im Osten wurde ein 700 m langer Graben ausgehoben, um den Zugang kontrollieren und gegebenenfalls Feinde abwehren zu können.

wird in der ersten schriftlichen Quelle von 765 genannt. Erst einige Jahrhunderte später, 1125, wird auch »Kirchzarten« das erste Mal erwähnt.

In der zweiten Hälfte des 11. Jahrhunderts entbrannten im Reich zwischen Kaiser und Papst heftige Auseinandersetzungen um das Verhältnis von weltlicher und geistlicher Macht, der sogenannte Investiturstreit. Da der Zähringer Berthold I. († 1078) zu den Gegnern König Heinrich IV. zählte, hatte ihm dieser die Grafschaftsrechte im Breisgau sowie seine Besitzungen im Zartener Becken entzogen und dem Bischof von Straßburg übertragen. Diese versuchte sein Sohn Berthold II. zurückzuholen. Er eroberte 1079 die Burg Wiesneck, auf der vermutlich ein Dienstmann des Bischofs von Straßburg saß. Zu seinem Herrschaftsbereich gehörte die Vogtei über die sanktgallischen Güter im Dreisamtal. Mit reichem Besitz offenbar aus dem Grafengut im Zartener Becken, darunter die »Villa Zarduna«, wurde das um 1118 von Dompropst Bruno von Straßburg gegründete Kloster St. Märgen, das in Konkurrenz zur zähringischen Klostergründung St. Peter von 1093 stand, ausgestattet. Beide Klöster sollten die Höhen roden und vor allem wichtige Schwarzwaldaufgänge sichern. Mit der Zerstörung der Burg Wiesneck um 1121 gewannen die Zähringer endgültig die Oberhand. Durch ihren Sieg sicherten sie sich die Straße durch das Wagensteigtal zu der Zähringerstadt Villingen. Ergebene zähringische Ministerialen fanden sich in den Herren von Weiler und den mit diesen verwandten Falkensteinern. Diese hatten im 12. Jahrhundert ihren Sitz ins Höllental verlegt und sich von dort ostwärts ein Machtzentrum aufgebaut. Um dieselbe Zeit übernahmen sie die ehe-

▶ Der Tarodunum-Rundgang ist etwa 7 km lang und beginnt an der Tarodunum-Grundschule in Burg-Birkenhof (Kirchzarten). Die frühere keltische Befestigungsanlage ist nur noch durch einen Wall erkennbar.

mals von den Wiesneckern ausgeübten Vogteirechte über die sanktgallischen Güter. Um die Kirche in Zarten vor den andauernden Konflikten zu schützen, wurde an anderer Stelle ein neues und größeres Gotteshaus gebaut. Die Namensgebung von »Kirch«-zarten verweist auf diese Kirche. 1297 trennte sich St. Gallen von Besitzrechten und verkaufte »Kirchzarten« an die Falkensteiner, die in der Folgezeit weitere wichtige Herrschaftsrechte erwarben und schließlich ein Gebiet beherrschten, das sich vom Höllental über Alpersbach, Breitnau, Hinterzarten, Turner, St. Märgen, Titisee, den Feldberg, Rinken, Zastler, Weilersbach, Bickenreute und dann nach Kappel, Ebnet, Littenweiler, Wittental, Attental und Zarten bis zum neuen Herrschaftsmittelpunkt Kirchzarten erstreckte. Damit hatte Zarten seine Zentrumsfunktion eingebüßt.

Aufgrund von Erbschaft und Verkauf spaltete sich im Laufe des 14. Jahrhunderts der Besitz der Falkensteiner auf. Trotz der Zerstörung ihrer Burg im Jahre 1388/89 im Rahmen der Städtepolitik der Stadt Freiburg und dem vorgeschobenen Vorwurf der Wegelagerei blieben sie angesehene Bürger der Stadt. Durch nachhaltige Spenden an die St. Gallus Kirche und durch das fein gearbeitete Epitaph des sagenumwobenen Kreuzfahrers Ritter Kuno hat dieses Geschlecht in Kirchzarten bleibende Spuren hinterlassen.

Im 15. Jahrhundert folgten einflussreiche Familien den Falkensteinern. Diese verkauften allerdings 1496 ihre An-

► Von der Burg Wiesneck, die um 1079 auf einem Berghügel nordwestlich des Dorfes Buchenbach erbaut wurde, sind noch vereinzelte Mauern erhalten. Sie war insbesondere im 11. Jahrhundert für die Herrschaft über den Landstrich von Bedeutung und ist eine der ältesten Burgen im Breisgau. Aufgrund von Streitigkeiten und Kriegen wurde sie im Laufe ihres Bestehens mehrmals zerstört. So beschädigten Bauern unter der Führung von Hans Müller von Bulgenbach während des Bauernkrieges am 14. Mai 1525 die Burg. Nach dem letzten Angriff der Franzosen im 30-jährigen Krieg 1644 wurde sie nicht wieder aufgebaut. Auf einem Bildnis in der Sebastianskapelle in Stegen kann die Burg Wiesneck in unzerstörtem Zustand betrachtet werden.

teile, so dass Freiburg Kirchzarten erwerben und damit die Talherrschaft ausbauen konnte. Um 1437 wird eine Burg in Kirchzarten das erste Mal erwähnt. Der nördliche Teil der heutigen Talvogtei stammt aus dieser Zeit. Um 1400 war Kirchzarten das Zentrum im Tal. Es war Sitz des Vogtes, Kirch- und Gerichtsort. »Schutzhöfe« boten Flüchtigen Asyl und Jahrmärkte, Brot-, Fleisch- und Krämerlauben ermöglichten nach dem Kirchgang Einkäufe. Darüber hinaus gab es drei Badstuben sowie Trinkstuben, die die Talbewohner anlockten.

Seit den 60er Jahren des 15. Jahrhunderts hat sich die Stadt Freiburg im Dreisamtal planmäßig weiter ausgebreitet. Sie kontrollierte mit ihrem hinzugewonnenen Besitz die Wagensteigstraße, den Eingang ins Höllental und die Straße nach Oberried. In das 1502 so genannte Schloss in Kirchzarten zog ein »Talvogt« ein. Nun gehörten Kirchzarten und große Teile des Dreisamtales zu »Vorderösterreich«, denn Freiburg war mittlerweile unter habsburgische Herrschaft gefallen. Trotz der Konkurrenz mit anderen Herrschaften war Freiburg bis zum Übergang des Breisgaus an Baden (1806) mit dem Territorium der Talvogtei die dominante Kraft im Zartener Becken. Das 18. Jahrhundert war durch Krieg und Not gekennzeichnet. Im Spanischen (1701–1714) und im Österreichischen Erbfolgekrieg (1740–1748) wurden Freiburg und sein Territorium von den Franzosen besetzt. Die Kriege im Gefolge der Französischen Revolution brachten für Freiburg und das Umland erneutes Leid. Die Stadt war 1796 wiederum von Franzosen besetzt worden. General Moreau, der sich weit nach Bayern gewagt hatte, wurde von Erzherzog Karl zum Rückzug gezwungen und drängte mit 40.000 Soldaten durch das Höllental, stets den Angriffen von den Höhen ausgesetzt. Obwohl die Armee weitgehend unbehelligt blieb, ist sie wohl »durch die Hölle« gegangen. Zeitgenossen berichten, in welch kläglichem Zustand die Soldaten durch die Lande zogen: »der größte Teil hatte keine Schuh; bedeckt waren sie mit Betttüchern oder Teppichen, [...] man sah einige in Weiberkleidern, das ganz glich einer Maskerade«. 1799 und 1805 rückten erneut Franzosen in Freiburg ein und zogen weiter Richtung Schwarzwald.

Das Land war verarmt. 1796 berichtete der Talvogt, die Zustände im Tal seien trostlos, außer den Uhrmachern gebe es kein Gewerbe mehr, Bettelvolk mache Wege und besonders die Einzelhöfe unsicher. Dazu kam eine Zunahme der Bevölkerung im Gebiet der Talvogtei von 1700 bis 1786 um 1289 auf 3149 Personen. Im Zuge der von Napoleon ver-

▶ Ritter Kuno ist der angebliche Gründer der Burg Falkensteig. Der Sage nach befand er sich auf dem Weg ins Heilige Land, als er von den Türken gefangen genommen wurde. Aufgebrochen zu dieser Kreuzfahrt war er, um Gott zu bitten, ihm Nachfahren zu schenken. Er nahm Abschied von seiner geliebten Frau Ida. Zum Zeichen der Treue brach er den Ehering in zwei Hälften und bat sie darum, sieben Jahre auf ihn zu warten. Nach sieben langen und harten Jahren der Gefangenschaft gelang ihm schließlich die Flucht. Doch weitere Hürden bauten sich vor ihm auf. Um dennoch seine Frau rechtzeitig vor einer erneuten Heirat zu bewahren, schloss er einen Pakt mit dem Teufel. Dieser bot ihm an, ihn nach Hause zu fliegen, wenn er aber auf dem Weg in den Schwarzwald einschlafe, sei die Seele sein. Der Teufel verwandelte sich in einen fliegenden Löwen. Bis zum Schwarzwald war es eine lange Reise und Ritter Kuno drohte einzuschlafen. Er hatte Glück. Ein weißer Falke, der im Wappen der Falkensteiner verewigt wurde, kam ihm zu Hilfe und hielt ihn mit dem Schnabel und den Flügeln wach. Im Gasthaus zum »Rindsfuß« wurde bereits die Hochzeit seiner Frau gefeiert, als Ritter Kuno, als Pilger gekleidet, um einen Becher Wasser bat. Nachdem er ausgetrunken hatte, legte er den Ring in den leeren Becher und reichte ihn Ida. Diese tat die andere Hälfte hinzu. Die Ringe verschmolzen, sie erkannte ihn. Ritter Kuno verstarb am 4. Mai 1343.

Das Epitaph in der St. Gallus Kirche in Kirchzarten zeigt überlebensgroß den Ritter Kuno. Er trägt eine Ritterrüstung, Turnierhelm, Kettenhemd, Wehrgehänge und Schild, auf dem das Falkensteiner Wappen abgebildet ist. Zu seinen Füßen liegt ein Löwe.

anlassten »Flurbereinigung« in Deutschland musste Österreich nach der Niederlage gegen Frankreich im Pressburger Frieden (Dezember 1805) Vorderösterreich abtreten; dabei kam der Breisgau an das neu gegründete Großherzogtum Baden, dessen Landesherr mit 250.000 Gulden an Frankreich kräftig nachgeholfen hatte. Obwohl sich Österreichs Interessen mittlerweile zunehmend auf den Süden und Osten Europas konzentrierten, gab es ungern seine von Josef II. als »Vorposten der Monarchie« im Reich bezeichneten Vorlande auf. Die Anhänglichkeit Freiburgs und der Breisgauer Stände führte noch jahrelang zu Verhandlungen, um eine mögliche Rückkehr zu Österreich zu erreichen. Aber spätestens 1818 mussten diese Hoffnungen endgültig begraben werden.

Nach dem Sieg über Napoleon in der Völkerschlacht bei Leipzig (Oktober 1813) erlebten Tal und Stadt Durchzug und Winterquartier der Verbündetenarmee. Das knapp 10.000 Einwohner zählende Freiburg musste mit dem Umland im Laufe der folgenden acht Monate für die Versorgung von rund 650.000 durchziehenden und teilweise stationierten Soldaten aufkommen. Für 5000 Kranke wurden Lazarette benötigt. Allein in St. Peter birgt der Soldatenfriedhof über 800 Tote. Die Anwesenheit des ehemaligen Landesherrn und jetzigen Kaisers Franz I., der Mitte Dezember anreiste, veranlasste die Freiburger, ihm ihre Anhänglichkeit und den Wunsch nach Rückkehr des Breisgaus zu Österreich offen zu zeigen, was der neue badische Landesherr höchst beunruhigt registrierte.

Mit der Eingliederung in das Großherzogtum Baden musste der Breisgau die verfassungsrechtliche und kulturelle Vielgestaltigkeit seiner Landschaft aufgeben und sich einem straff organisierten Einheitsstaat unterordnen, »der für die gewachsenen Traditionen seiner neuen Landesteile keinen Platz hatte«. Um seine neuen Untertanen zu gewinnen, berief sich der Großherzog in seinem Anspruch auf den Breisgau auf die Zähringer als seine ruhmreichen Vorfahren.

Im Jahr 1807 traf Kirchzarten eine Katastrophe, die für das Dorfleben einen tiefen Einschnitt bedeutete: Am Karfreitag 1807 zerstörte ein Großbrand große Teile des Innenortes. Von den insgesamt 72 strohgedeckten Häusern, die meisten aus Holz, wurden 15 – darunter vier Wirtshäuser – Opfer der Flammen. Von den rund 700 Einwohnern war etwa ein Fünftel plötzlich obdachlos. Das allabendliche Rosenkranzgebet in der Pfarrkirche soll auf ein Versprechen in dieser Bedrängnis zurückgehen. Mit dem Wiederaufbau zog moderne Bauweise ins Dorf ein: Den neuen Vorschriften ge-

▶ Die St. Gallus Kirche in Kirchzarten löste etwa im frühen 12. Jahrhundert die ältere Kirche in Zarten ab. Die heutige St. Gallus Kirche besteht aus verschiedenen Baustilen, der Romanik, der Gotik und dem Barock.

mäß wurde mit Stein und Ziegel gebaut. Mit Stroh oder Schindeln gedeckte Holzhäuser machten 1850 nur noch 20 % der Wohngebäude aus. Im Jahr 1896 kam das »Jahrhunderthochwasser« und verheerte die Täler. In Zarten riss die Dreisam die Böschung ein, brachte ein Haus zum Einsturz und transportierte dessen Reste bis nach Neuershausen. Der Fluss bekam daraufhin Wehren und Schwellen. 1991 kam »pünktlich« das nächste Jahrhunderthochwasser und verursachte erneut Millionenschäden. Mit Hilfe »Rauher Rampen« versucht man jetzt, die Dreisam zu bändigen.

Die Revolution von 1848 löste im Dreisamtal rege Aktivitäten aus. Freiburg, geradezu ein Zentrum der Demokratiebewegung, strahlte auf das Umland aus: Der Lehrer Andreas Heck aus Zarten, die Bürgermeister der Gemeinden

Buchenbach, Unteribental, Falkensteig, Zarten, zunächst auch der von Kirchzarten machten sich für die revolutionären Ideen stark und fanden Unterstützung vor allem bei Land- und Gastwirten. Nach dem Scheitern der Paulskirchenverfassung (April 1849) kam es zur Radikalisierung der Demokraten. Diese riefen gegen die preußischen Truppen unter dem »Kartätschenprinzen« Wilhelm von Preußen, dem späteren Kaiser Wilhelm I., zur Volksbewaffnung auf, kauften mit Gemeindevermögen Waffen und nahmen Revolutionsgegner fest. Karl Wilhelm Reber soll sich »wie ein Rekrutierungsoffizier im ganzen Thal« benommen haben. Nach der Niederlage bei Waghäusel (21. Juni 1849) sammelten sich die badischen Bürgerwehren in Freiburg, wo die 15.000 Einwohner rund 10.000 Soldaten ernähren und unterbringen mussten. Am 3. Juli rückten diese aber kampflos Richtung Schwarzwald ab. Im Stegener Schloss sollte weitere Ausrüstung besorgt werden. Die Dreisamtäler halfen nicht nur, durch Aufspüren von Deserteuren die fragil gewordene Disziplin der Bürgerwehren zu stärken, sondern auch das Höllental abzuriegeln. Alles vergeblich. Gegen die doppelt so große Übermacht aus preußischen und Bundestruppen waren die badischen Revolutionäre chancenlos. Viele Soldaten retteten sich in die Schweiz, so auch für zwei Jahre Karl Wilhelm Reber. Am 7. Juli besetzten preußische Truppen Freiburg und weitere Bundestruppen folgten vom Schwarzwald herab. Sie alle musste das Land ernähren. Noch vor der Kapitulation der Festung Rastatt (23. Juli 1849) begann in Freiburg die Strafverfolgung: Von 64 aktiven Revolutionären aus dem Dreisamtal wurden 10 vor Gericht gestellt.

Die Ideen von der Beteiligung des Bürgers am politischen Geschehen waren aber nicht mehr aus der Welt zu schaffen. Der Badische Kulturkampf (1860–1879) gab bald Gelegenheit, unabhängigen Geist erneut unter Beweis zu stellen.

Mitte des 19. Jahrhunderts lebten im Zartener Becken rund 6500 Menschen, hundert Jahre später doppelt so viele.

Nach dem Bau der Notschreistraße 1848 und der Höllentalbahn 1887 zogen immer mehr Menschen ins Dreisamtal. Mit den Beamten des Großherzogs, mit Akademikern und Unternehmern kam ein neues Element in die agrarisch geprägte Dorfwelt.

Um 1900 begannen kleinere Industriebetriebe sich in Kirchzarten anzusiedeln, während das Umland weitgehend agrarisch geprägt blieb. Vor dem Ersten Weltkrieg kamen die ersten Erholungssuchenden. Mancher Städter baute sich eine Villa im Tal.

Von der bitteren Ernte der beiden Weltkriege zeugen die Gefallenendenkmale. Die dunkle Zeit der NS-Herrschaft verschonte diese Gegend nicht, wenn hier auch mancher Verfolgte Schutz fand. Es gab Opportunismus und Verblendung, wir kennen aber auch leuchtende Beispiele von Standfestigkeit. Die Ortsgeistlichen – allesamt gefährdet – gaben der Bevölkerung Orientierung.

Die große Veränderung in Wirtschaft und Gesellschaft geschah im Dreisamtal nach dem Zweiten Weltkrieg. Der Bevölkerungsanstieg stellte die Gemeinden vor große Herausforderungen. Nicht nur Kirchzarten entfaltete eine rege Bautätigkeit. Die Einwohnerzahl des Hauptortes hat sich seit 1950 vervierfacht. Mehrfach in der Folgezeit wurden Ortsteile neu geordnet und Gemeinden neu umschrieben, zuletzt bei der Gemeindereform 1970–1974.

Heute hat sich das Zartener Becken mit seiner starken Besiedlung grundlegend verändert. Kirchzarten, Oberried, Stegen und Buchenbach haben zusammen rund 20.000 Einwohner. Zusammen mit den Freiburger Bürgern, die in den Ortsteilen Ebnet, Littenweiler, Kappel und Waldsee wohnen, leben heute knapp 40.000 Menschen im Dreisamtal.

Durch verbesserte Verkehrsanbindung ist Kirchzarten mit Einkaufs-, Schul-, Arbeitsplatz- und Dienstleistungsangeboten neben Freiburg zum wirtschaftlichen Unterzentrum geworden. Die Schul- und Bildungslandschaft des Dreisamtals weist heute im Vergleich zu früher, als man noch auf das Angebot in Freiburg angewiesen war, eine ausdifferenzierte Struktur auf. Über das Dreisamtal hinaus bekannt ist das Kolleg St. Sebastian (1966), dem bereits nach 1945 ein von den Herz-Jesu-Priestern gegründetes Progymnasium voranging. Mit dem bildungspolitischen Aufbruch Ende der 60er, Anfang der 70er Jahre wurde 1972 das Bildungszentrum Kirchzarten, in dem Haupt- und Realschule und Gymnasium untergebracht sind, eröffnet. Fast zeitgleich wurde die Gehörlosenschule in Stegen errichtet. Die hohen Schülerzahlen in Kirchzarten wie Stegen erklären sich daher, dass an diesen beiden Standorten neben den eigenen Schülerinnen und Schülern auch solche aus Freiburg, Hinterzarten, Oberried, St. Märgen, St. Peter und, in vereinzelten Fällen, auch aus Titisee-Neustadt zur Schule gehen.

Jede Dreisamtalgemeinde hat ihr Gewerbegebiet und markante Neubauviertel. Noch gibt es glücklicherweise Orte im Tal, die, wenigstens zum Teil, traditionelle Seiten ihres Dorfes bewahren konnten. Auch Österreich ist, zumindest mit seinen Wappenfarben, nach 200 Jahren noch mancherorts ein wenig präsent.

Wege durch das Tal

Ob zu Fuß, mit dem Auto oder der Bahn, der Weg durch das Dreisamtal mit dem ab Himmelreich anschließenden Höllental ist eine ganz besondere Strecke. Sie verbindet den Westen mit dem Osten, die Stadt Freiburg mit dem Bodensee. Klassische Urlaubsgebiete wie das Dreisamtal, Hinterzarten und Titisee können auf diese Weise recht einfach erreicht werden. Die Bahnstrecke durch das Höllental stellt zur vielbefahrenen B 31 eine gute Alternative dar. Zunächst galt ihr Bau aufgrund der enormen Steigung zwischen Himmelreich und Hinterzarten als unmöglich. Verschiedene Linienführungen wurden erwogen; letztlich wurde die Strecke durch das Höllental mit einem Zahnstangenabschnitt zwischen Himmelreich und Hinterzarten gebaut. Heute fährt die sogenannte Höllentalbahn, die zur Deutschen Bahn gehört, im Halbstundentakt mit 40-minütiger Fahrtzeit vom Freiburger Hauptbahnhof bis Neustadt. Schöne Bahnhöfe, wie die Posthalde und der Hirschsprung, erinnern an vergangene Zeiten. Seit 1978 halten dort jedoch keine Züge mehr. Während sich in der Ebene das Dreisamtal mit seinen weiten Wiesen und Feldern öffnet, genießt man an der engsten Stelle im Höllental einen wunderbaren Blick auf den Hirschsprung, der auch von der B 31 aus zu sehen ist.

▶ Die imposante Ravennabrücke über der namensgebenden Schlucht hat eine Höhe von 40 Metern über der Talsohle. Sie ersetzte 1928 die ursprüngliche Eisenfachwerkbrücke. Bei einer Wanderung durch die Ravennaschlucht kann man sogar heute noch die Brückenköpfe der alten Brücke erkennen.

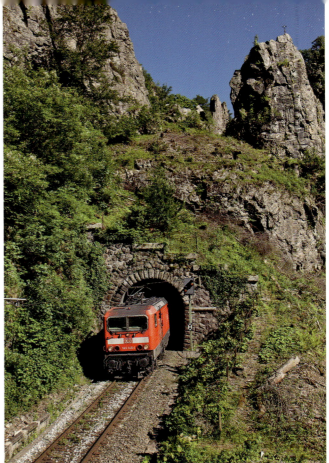

▶ Nach dem schwierigen Ausbau der Strecke wurde die Bahnlinie für die Höllentalbahn 1887 eröffnet.

▶ Fährt man mit dem Auto die B 31 entlang, so kommt man nicht umhin, an den zahlreichen Rastplätzen vorbeizufahren, deren Namen »Goschehobel«, »Poschthalde« oder »Schatteloch« der alemannischen Mundart entstammen und die seltsam in den Ohren nichteinheimischer Touristen klingen mögen. Um die Jahrtausendwende wurde die B 31 im Dreisamtal umverlegt und ausgebaut. Insbesondere die Bewohner Ebnets und Zartens hatten unter dem ständigen Verkehr und dem Lärm der andauernd durchfahrenden Lastwagen zu leiden. Mittlerweile besteht zwischen Kirchzarten und Freiburg eine vierspurige Kraftfahrstraße mit dem Kappler Tunnel und dem Schützenalleetunnel, allerdings nun zum Leidwesen der Bewohner Littenweilers.

▶ Wer heute aufmerksam die Schlucht des Höllentals – unweit der Bahnstation Himmelreich – befährt, dem eröffnet sich für einen kurzen Augenblick der Blick auf einen prächtigen Hirschen, der von einem Felsvorsprung ins Tal schaut. Die Sage berichtet, dass sich einst ein Hirsch durch den Sprung über das enge Tal vor seinen Verfolgern rettete. Zum Gedenken an den waghalsigen »Hirschsprung« errichteten im Jahr 1874 ortsansässige Jäger einen hölzernen Hirsch. Diese Figur wurde später durch eine kupferne ersetzt.

Der Hirsch wird immer wieder von Unbekannten besprüht. Er war sogar schon als Zebra angemalt. Bei genauerer Betrachtung durch Förster Schlosser im Jahre 2010 wies er starke Einschusslöcher auf und wurde deswegen gründlich renoviert.

Buchenbach

Ländlich geht es in der 3000-Seelen-Gemeinde Buchenbach am Rand des Südschwarzwaldes zu. Kühe weiden hier auf saftigen Wiesen und nur einen Steinwurf vom Amtszimmer des Bürgermeisters entfernt. Zu Beginn der 70er Jahre wurden die Ortschaften Buchenbach, Falkensteig, Wagensteig und Unteribental zu einer Gemeinde zusammengeschlossen. Neben dem dicht bebauten Ortskern besteht Buchenbach aus kleinen Weilern und verstreut liegenden Höfen. Die Landwirte in Buchenbach haben die Zeichen der Zeit rechtzeitig erkannt. Ferien auf dem Bauernhof und der Verkauf von Obst und Gemüse sind zur zusätzlichen Einnahmequelle geworden. Niederschlagen tut sich dies auch in der Zahl der Feriengäste. 2008 zählte Buchenbach 60.000 Übernachtungen. Tendenz steigend. Um den großen und kleinen Gästen die Ferien so abwechslungsreich wie möglich zu gestalten, ist das Freizeitangebot immens. Es reicht vom Golfspielen auf dem Schneiderhof in Unteribental über Reiten für Kinder auf dem Erlenhof im Himmelreich bis hin zur Besichtigung des Hansmeyerhofes in Wagensteig.

Buchenbach wurde erstmals im Jahr 1350 in historischen Aufzeichnungen erwähnt. Der im unteren Höllental gelegene Ortsteil Falkensteig verdankt seinen Namen der Burg Falkenstein, die Anfang des 12. Jahrhunderts erbaut wurde. Überbleibsel des 1388 zerstörten Gebäudes sind noch heute zu finden.

Durch den Ortsteil Wagensteig, der erstmals im 12. Jahrhundert erwähnt wurde, führt eine der ältesten überörtlichen Verbindungen von Neckar und Donau über den Schwarzwald bis ins Rheintal. Auf eine wechselvolle Geschichte kann

Unteribental zurückblicken. Im frühen 12. Jahrhundert zum ersten Mal erwähnt, gehörte es politisch eine Zeitlang zu Stegen, bevor es 1827 wieder selbständig wurde. Heute ist das malerisch gelegene Unteribental der Ausgangspunkt für Rundwanderwege an der Peripherie des Südschwarzwaldes.

Da über 60 Prozent der Gemarkungsfläche Buchenbachs von Wald bedeckt ist, tragen die Landwirte einen wichtigen Teil zur Offenhaltung der oft mühsam zu bewirtschaftenden Steillagen bei. Spazier- und Wanderwege rund um Buchenbach bieten dem Naturliebhaber zahlreiche Gelegenheiten, die Tier- und Pflanzenwelt sowie im Verborgenen schlummernde Sehenswürdigkeiten zu entdecken. Heute nicht überall mehr eine Selbstverständlichkeit: Ein an der Ortsdurchfahrt gelegener »Tante Emma«-Laden, Apotheke, Bäcker, Metzger, Post und eine Bank stellen die Grundversorgung der Bevölkerung sicher.

In Buchenbach haben sich eine Reihe an bedeutenden Unternehmen angesiedelt, wie Wandres, SIKO und die Holzverarbeitungsfirma Dold.

Durch die nur wenige Gehminuten von der Ortsmitte entfernt gelegene Bahnstation Himmelreich ist Buchenbach mit der zwischen Freiburg und Titisee-Neustadt im Halbstundentakt verkehrenden Höllentalbahn verbunden.

▶ Der Bahnhof Himmelreich liegt am Eingang des Höllentals.
Ab diesem Bahnhof wird die Strecke ins Höllental eingleisig.

Kirchzarten

Kirchzarten ist aufgrund seiner zentralen Lage und der Mischung aus Industrie, Gewerbe, Handel und Dienstleistungen schon seit Jahrhunderten der größte Ort im Dreisamtal. Heute gehören die Ortschaften Dietenbach und Neuhäuser, die im Jahr 1936 eingegliedert wurden, sowie Zarten und Burg, die 1974 folgten, zu Kirchzarten. Zunächst lag das Zentrum im Ortsteil Zarten, der sogenannten »Villa Zarduna«, die 765 das erste Mal erwähnt wurde. Auch die Nennung einer Kirche »in Zartunu« im Jahr 816 ist auf Zarten zu beziehen. Im 12. Jahrhundert wurde die Pfarrei verlagert. Die in der heutigen Ortsmitte von Kirchzarten gelegene Galluskirche wurde zum neuen geistigen Mittelpunkt. Im Jahr 1125 tauchte erstmals der Name »Kilizartun« in den historischen Dokumenten auf.

Durch die vielen Möglichkeiten der Freizeitgestaltung ist Kirchzarten zu einem beliebten Urlaubsort, insbesondere der Niederländer, geworden. Der Ultra-Bike-Marathon und die rund um Kirchzarten ausgebauten Strecken wurden zum Mekka der deutschen Mountainbikeszene; auch die Weltmeisterschaft wurde hier bereits ausgetragen. Das milde Klima und der hohe Freizeitwert locken Erholungssuchende aus dem In- und Ausland in den beliebten Ferienort vor den Toren Freiburgs. Radfahrer, Wanderer, Schwimmer, Skiläufer,

▶ Die Zartener Johanneskapelle wird von den Einwohnern liebevoll auch als »Zartener Münster« bezeichnet. Sie ist nach den Erkenntnissen aktueller landesgeschichtlicher Forschungen die älteste Pfarrkirche des Dreisamtals.

Golfer, Segelflieger, Reiter und Tennisspieler finden dort optimale Voraussetzungen für ihr Hobby. Eine Drachen- und Gleitschirmflugschule sowie der zwischen Freiburg und Kirchzarten gelegene Golfclub komplettieren das umfangreiche Angebot interessanter Freizeitmöglichkeiten. Das Herz von Kirchzarten mit Rathaus, Tourismusbüro, Bauernmarkt, Gastronomie und einer bunten Mischung attraktiver Einkaufsmöglichkeiten schlägt in der Fußgängerzone. Das Prädikat »staatlich anerkannter Luftkurort« wurde der Gemeinde erstmals im Jahre 1970 verliehen. Obgleich die Bevölkerungszahl von gut 2000 Einwohnern im Jahr 1910 auf mittlerweile annähernd 10.000 Menschen kletterte, konnte Kirchzarten seinen dörflichen Charakter bis heute beibehalten. Dennoch wird die Zukunft der bäuerlichen Familienbetriebe von den örtlichen Kommunen mit Sorge betrachtet. Kontinuierliche Einkommensverluste haben dazu geführt, dass die Tätigkeit der Bauern ohne Zutun des Staates nicht mehr zu schaffen sein wird.

Die Existenz von über 70 Vereinen, karitativen Einrichtungen und Organisationen beweist, dass das ehrenamtliche Engagement in Kirchzarten einen hohen Stellenwert genießt. Maibaumstellen in der Ortsmitte, Brauchtumspflege der örtlichen Höllenzunft, nicht gewerbliche Flohmärkte, Lesungen, Konzerte und heimatkundliche Führungen gehören zum festen Bestandteil des umfangreichen Veranstaltungskalenders.

▶ Der Zeitensegel-Brunnen in der Ortsmitte von Kirchzarten wurde 2001 von dem Stegener Bildhauer Daniel Rösch geschaffen.

▶ Die Talvogtei war ursprünglich eine Wasserburg und der ehemalige Dorfkern von Kirchzarten. 1437 wird sie das erste Mal erwähnt. 1502 zog in das sogenannte Schloss in Kirchzarten ein Talvogt ein. Die Talvogtei wurde damit für die Stadt Freiburg zum Verwaltungsmittelpunkt des Dreisamtals. Nach einer umfangreichen Renovierung zog im Frühjahr 1999 das Bürgermeisteramt ein. Der Nordflügel ist für Ausstellungen, Konzerte oder für einen einfachen Besuch meist geöffnet. Wandmalereien, die bei der Renovierung freigelegt wurden, können hier besichtigt werden.

▶ Etwa 1 km südlich von Kirchzarten, zwischen Giersberg und St. Johannisberg, liegt malerisch zwischen Wiesen und Feldern nahe dem Waldrand ein barockes Schlösschen: das Schloss Bickenreute. Aufgrund des Schreibfehlers eines früheren Beamten taucht es auf den Karten als »Birkenreute« auf. Das kleine Schloss geht auf eine Wasserburg zurück, deren Gräben und ehemalige Fischteiche sich im Norden noch als Vertiefungen erahnen lassen. Im 13. Jahrhundert erstmalig genannt, gehörte das Gut im 14. Jahrhundert den Falkensteinern und ging über wechselnde Besitzer im Jahre 1740 an die Stadt Freiburg über. Es war lange an Landwirte verpachtet und dient inzwischen als privates Wohnhaus. Ein früherer Besitzer war Sebastian von Blumeneck. Im 18. Jahrhundert wurde das Schloss aufwendig zu einem Herrenhaus umgebaut und dem damals auch im Dreisamtal vorherrschenden Stil, dem Barock, angepasst.
Köstlich zu lesen sind heutzutage die Streitigkeiten der ehemaligen, von außen zugezogenen Besitzer der Bickenreute mit den benachbarten Bauern und auch mit der Stadt Freiburg um den Status des Schlosses und die Pflichten seiner Bewohner. Da konnte es – wie in den Jahren vor 1548 – schon mal vorkommen, dass man nach dem Kirchgang vom Talvogt verhaftet und im Schloss Kirchzarten eingesperrt wurde. Dies passierte Ulrich Graf, der immerhin der Sohn eines Freiburger Ratsherrn war.

Oberried

Die Täler, Wiesen, Wälder und Gipfel rund um die Gemeinde Oberried zählen zu den beliebtesten Urlaubsregionen im Südschwarzwald. Der 3000-Seelen-Ort ist Ausgangsort für Wanderungen in die Region Feldberg und Schauinsland und zum Erreichen von attraktiven Skigebieten wie Stollenbach, Hofsgrund oder Notschrei. Wie gerne Wanderer und Skifahrer in Oberried ihre Ferien verbringen, beweist die Statistik: Kontinuierlich ist die Anzahl der Übernachtungen auf mittlerweile 100.000 geklettert.

Bei Feriengästen und Einheimischen gleichermaßen beliebt sind die Veranstaltungen, die das ganze Jahr über stattfinden. Zu den kulturellen Höhepunkten zählt die Alemannische Woche. Ein durch regionale Kultur geprägtes Festival mit rockig dargebotener Mundart, geführte Mountainbiketouren, liebevoll arrangierte Events für Kinder und Jugendliche gehören ebenso zur Festwoche wie eine Messe mit Produkten ortsansässiger Landwirte und Brauchtumsabende in der gemütlichen Stube. Bei der behutsamen Weiterentwicklung der dörflichen Struktur achtet die Gemeinde seit etlichen Jahren auf die Nutzung regenerativer Energien.

Die Geschichte von Oberried ist eng mit seinem Kloster verknüpft. Die Besiedlung im Tal »ob dem Ried« begann im 12. Jahrhundert. Hundert Jahre später wird vom Grundbesitz des Klosters St. Peter in »Obirrieth« berichtet. Zisterzienserinnen errichteten 1238 auf dem von den Herren von Tengen zur Verfügung gestellten Grundbesitz im zu Oberried gehörenden »wilden Tal unterhalb des Feldbergs« – heute St. Wilhelm – ein kleines Kloster, das sie jedoch bereits sechs Jahre später wieder verließen. Im Jahr 1252 übernahmen Wilhelmiten aus dem Elsass das verlassene Kloster. Zehn Jahre später zogen diese in ein neu erbautes Kloster nach Freiburg um. Einige von ihnen bevorzugten als Angehörige eines Eremitenordens jedoch die Einsamkeit im alten Kloster in St. Wilhelm, so dass ab 1266 bis 1507 zwei selbständige Klöster, das sogenannte Waldkloster und das Stadtkloster, existierten. Als die Breisgaumetropole 1679 von Franzosen zur Festung ausgebaut wurde und kein Platz mehr für das Priorat vorhanden war, wurde 1684 mit dem Bau des Klosters in Oberried der Sitz des Priorats wieder auf vorderösterreichisches Territorium verlegt.

1936 wurde die bis dahin selbständige Gemeinde Weilersbach eingegliedert. Im Zuge einer Strukturreform in Baden-Württemberg folgten im Jahr 1974 auch die bis dahin selbständigen Weiler Hofsgrund, St. Wilhelm und Zastler.

Das Wetteramt Freiburg hat in einem Klimagutachten festgestellt, dass abseits der Verkehrswege auf Gemarkung Oberried die Luft außerordentlich rein ist. Aufgrund seiner gewaltigen Höhenunterschiede findet der Erholungssuchende vom Schonklima auf 450 Metern im Tal bis hin zum Reizklima auf 1400 Metern am Rande des Feldbergs sämtliche bioklimatischen Nuancen. Vor allem die Hochlagen im Bereich von Schauinsland, Stollenbach, Hofsgrund und Notschrei zeichnen sich besonders im Herbst und Winter durch verstärkte Sonneneinstrahlung und reine Luft aus. In den Sommermonaten bleibt die Wärmeeinstrahlung überwiegend auf die Mittagsstunden beschränkt. Die tieferen Regionen werden durch ein ausgeprägtes thermisches Windsystem abgekühlt, was in den Nachtstunden einen erholsamen Schlaf ermöglicht. Ursache für diese besonderen klimatischen Verhältnisse sind die offenen Weideflächen in den Hochlagen rund um Feldberg und Schauinsland. Nach Sonnenuntergang kühlen die Wiesen stark aus. Als Folge strömt die kalte Luft als Fallwind durch das Oberrieder Tal in Richtung Freiburg.

▶ Vorbereitungen zur jährlichen Kräuterweihe, bei der die zu einem Strauß gebundenen Kräuter im Gottesdienst vom Priester gesegnet werden.

▶ Abt Franz Schächtelin schenkte Oberried ein weiteres Kleinod, das Tusculum, von den Einheimischen »Schlössle« genannt, am Osthang des Goldberges. Im Hauptraum dieses ehemaligen Sommerhauses ist noch heute das imposante Deckengemälde der Emmausjünger des Kunstmalers Johann Pfunner (um 1716–1788) zu bewundern, der sich gerade kurz zuvor in Freiburg niedergelassen hatte. Pfunner stand damals am Beginn einer über 40-jährigen Schaffensperiode, in der unzählige Gemälde in der Region entstanden.

▶ Neben den Kunstwerken, die auch in der Folgezeit bewundert wurden, ist erst in den letzten Jahren eine große Anzahl wertvoller, zum Teil über 500 Jahre alter Bücher wieder der Öffentlichkeit zugänglich gemacht worden. Ein Teil der Bücher war beim Auszug der Mönche in den Räumlichkeiten des Klosters zurückgelassen worden, ein weiterer Teil gelangte in der Folgezeit durch Schenkungen oder Erbschaften in diese verborgene Bibliothek.

Rund 350 Bücher stammen aus der Zeit vor 1800, darunter fünf Inkunabeln, sogenannte Wiegendrucke, aus der Frühzeit des Buchdrucks, die vor 1500 hergestellt worden sind. Im Bestand befinden sich auch einige besonders wertvolle Werke, wie zum Beispiel vier Bände aus dem Geschichtswerk »Theatrum Europaeum« von Matthias Merian mit vielen Kupferstichen und ein Buch von Erasmus von Rotterdam aus dessen Privatbesitz mit handschriftlichen Anmerkungen des bedeutenden niederländischen Gelehrten.

Die Bibliothek besitzt neben vielen anderen interessanten Büchern eine bemerkenswerte Anzahl von Werken des Fürstabts Martin II. Gerbert von St. Blasien. Durch Schenkungen und Ankäufe verfügt die Bibliothek inzwischen über eine der umfangreichsten Sammlungen von Originalausgaben der Werke dieses bedeutenden Theologen, Historikers und Musikhistorikers. Eine größere Anzahl von Büchern von Johann Caspar Lavater (1741–1801) weckte das Interesse der Verantwortlichen am schriftstellerischen Werk dieses interessanten Mannes. Er stand viele Jahre im freundschaftlichen Briefwechsel mit Johann Wolfgang von Goethe und korrespondierte auch mit Fürstabt Gerbert. Die Suche nach Originaldrucken, aber auch nach Sekundärliteratur über Lavater hat schon eine Reihe interessanter Neuerwerbungen für die Lavater-Sammlung der Bibliothek ermöglicht.

Der im September 2004 gegründete Verein »Freunde der Klosterbibliothek Oberried e.V.« hat es sich zur Aufgabe gemacht, die Klosterbibliothek einer breiteren Öffentlichkeit zugänglich zu machen und die drei Sammlungen mit Werken von Fürstabt Gerbert, Johann Kaspar Lavater und Ignaz Heinrich von Wessenberg, dem letzten Konstanzer Bistumsverweser, weiter zu vervollständigen.

Stegen

Mit dem privaten katholischen Gymnasium Kolleg St. Sebastian und einem Bildungs- und Beratungszentrum für Hörgeschädigte verfügt Stegen über zwei Institutionen, die sich weit über die Region hinaus einen guten Ruf erworben haben. Stegen, Eschbach und Wittental sind zu einer Gemeinde zusammengeschlossen und zählten im Jahre 2009 knapp 4400 Einwohner.

Dass die Menschen nicht nur wegen der reizvollen Landschaft und der Nähe zu Freiburg gerne in Stegen wohnen, beweist das ausgeprägte soziale, kulturelle, sportliche und politische Miteinander. Über 40 Vereine und Institutionen bieten den unterschiedlichsten Interessen ein buntes Spektrum an Freizeitmöglichkeiten und ehrenamtlichem Engagement. Vielfältig sind die Anstrengungen von Verwaltung und Gemeinderat, einerseits jungen Familien ein ideales Wohnumfeld zu bieten und andererseits dem demografischen Wandel gerecht zu werden. Das ökumenische Zentrum, die Kageneckhalle als Lokalität für größere Veranstaltungen, eine Seniorenwohnanlage mit 46 Wohneinheiten, das »Haus der Vereine« sowie Spiel-, Sport- und Freizeitmöglichkeiten im Freien sind in die örtliche Infrastruktur eingebunden.

Zu den schönsten Barockkirchen der Region zählt die 1791 erbaute Kirche der Jakobuspfarrei in Eschbach. Eine weitere Sehenswürdigkeit im ursprünglichen Ortskern von Stegen ist die scheinbar gotische St. Sebastianskapelle beim Schloss Weiler, die im Innern noch romanische Baureste enthält.

Bemerkenswert ist, dass über die Hälfte der insgesamt 2600 Hektar Markungsfläche von Wald bedeckt ist. Erträge aus der Land- und Forstwirtschaft sind auch heute noch die Haupteinnahmequellen der teils abgelegenen Höfe auf der Gemarkung, die sich vom Tal auf 340 Metern bis hinauf zu den Höhenzügen des Südschwarzwaldes auf 870 Meter erstreckt. Immer beliebter werden touristische Angebote wie »Ferien auf dem Bauernhof« und organisierte Tagesveranstaltungen für Feriengäste aus dem In- und Ausland.

Eine wechselhafte Geschichte durchlebten die vormals selbständigen Gemeinden Stegen, Eschbach und Wittental. Vor dem politischen Zusammenschluss im Jahr 1975 be-

stand Stegen aus zerstreut liegenden Ansiedlungen mit den Bezeichnungen Weiler, Ober- und Unterbirken, Stegen und Rechtenbach. Die örtliche Heimatforschung geht davon aus, dass der Ursprung des Ortsnamens Stegen auf Bachüberquerungen über den Wagensteig- und Höllbach von Kirchzarten her »oberhalb der Stegen« zurückzuführen ist. Urkundlich erstmals erwähnt wurde der Ortsname Stegen im Jahr 1510. Der heutige Ortsteil Eschbach mit dem Steurental, dem Hintereschbachtal und dem Scherlenzendobel wurde 1112 erstmals erwähnt. Damals war Eschbach Bestandteil des nahegelegenen Klosters in St. Peter. Zu Beginn des 19. Jahrhunderts entstand aus den Ansiedlungen Attental, Wittental und Baldenwegerhof die Ortschaft Wittental. Erstmals wurden Ober- und Unterwittental um 1270/80 im Besitzverzeichnis des Klosters St. Märgen erwähnt.

▶ In Stegen hat Pater Dr. Heinrich Middendorf SCJ (1898–1972), Rektor des Ordenshauses der Herz-Jesu-Priester von 1938 bis 1946, unter Lebensgefahr bedrängten Menschen Unterschlupf und Versteck gewährt. Es befanden sich ständig rund 150 Personen aller Couleur im Kloster. Wegen seiner Verdienste um die Rettung jüdischer Menschen hat ihm der Staat Israel 1994 in Yad Vashem den Titel »Gerechter unter den Völkern« verliehen. Die Seniorenwohnanlage in Stegen trägt seinen Namen. 2004 wurden im Kolleg Stolpersteine zur Erinnerung an Retter und Gerettete verlegt.

▶ Im Jahr 1970 errichtete das Land Baden-Württemberg in Stegen für gehörlose Schülerinnen und Schüler ein Zentrum, in dem vom Kindergarten über Grund-, Haupt- und Realschule bis zum Gymnasium alle Schularten vereinigt sind. Ein hoch differenziertes Beratungsangebot für Eltern hörgeschädigter Kinder und gezielte sonderpädagogische Angebote und psychologische Dienste ergänzen das Programm. Nahezu 350 Kinder und Jugendliche, von denen etwa die Hälfte im Internat untergebracht ist, besuchen dieses bundesweit renommierte Bildungs- und Beratungszentrum für Hörgeschädigte.

Ebnet, Kappel, Littenweiler, Waldsee

Ebnet, Kappel, Waldsee und Littenweiler liegen am Eingang des Zartener Beckens. Eingemeindet sind sie in die Stadt Freiburg, geografisch gehören die eng verwachsenen Freiburger Stadtteile allerdings zum Dreisamtal. Die Bevölkerungsanzahl beträgt etwa 18.000 Einwohner. Trotz ihrer Zentrumsnähe haben sie ihren dörflichen Charakter zum Teil bis heute bewahrt. Während der Stadtteil Waldsee erst nach dem Ersten Weltkrieg erschlossen wurde, blicken die Stadtteile Ebnet, Kappel und Littenweiler auf eine etwa 1000-jährige Geschichte zurück.

▶ Die Geschichte des Ortsteils Waldsee ist noch recht jung. Erst nach dem Ersten Weltkrieg begann der eigentliche Ausbau des Stadtgebiets. Zuvor war das Gebiet landwirtschaftlich genutzt worden. Der Waldsee war um 1900 ein Naturerholungsgebiet. Gut gekleidete Ausflügler verbrachten auf dem See oder im 1894 eröffneten Waldseerestaurant ihre Freizeit. Auch heute ist der Waldsee mit Sonnenterrasse und Bootsverleih ein beliebtes Ausflugsziel.

▶ Auch Schlösser wurden im Dreisamtal gebaut. Der eindrucksvollste und größte Schlossbau unter ihnen ist der Schlossbau in Ebnet mit seinem angrenzenden Schlosspark, der sich im Westen, am Übergang der alten Straße nach Freiburg über den Eschbach befindet. Um 1750 ließ Ferdinand Sebastian von Sickingen ein kleineres Herrenhaus, das auf dem Hochaltarbild in der Ebneter Kirche zu finden ist, teilweise abreißen, um den Bau auf die heutige Größe zu erweitern. Als Architekt fungierte der Basler Ingenieur Johann Jakob Fechter; von dem Freiburger Künstler Christian Wentzinger stammen vor allem Verzierungen an der Fassade und die vier Gartenfiguren. Das Schloss wurde so zu einem imposanten Barockbau. Im Inneren des Schlosses, im Treppenhaus, befindet sich ein Deckengemälde mit der Darstellung der vier Erdteile von Johann Pfunner. Ein weiteres Gemälde, die Naturgöttin »Flora« von Benedikt Gambs, schmückt die Decke im Gartensaal. Im Rahmen kultureller Veranstaltungen wie Konzerten, Führungen und dem Weihnachtsmarkt ist der Schlossgarten mit seinen Anlagen für Besucher zugänglich. Höhepunkt der jährlichen Veranstaltungen ist der Ebneter Kultursommer, der zum Teil im Schloss Ebnet ausgerichtet wird. Filme, Lesungen, Theater und Musik locken zahlreiche Besucher an.

▶ Die Kartause im Stadtteil Waldsee ist ein Kloster des Kartäuserordens und bestand zunächst nur aus zwei Mönchszellen, die in der Folgezeit erweitert wurden. Die Gründung von 1345–1347 ist auf Johannes Schnewelin zurückzuführen. Für den Bau des Klosters wurde den Mönchen ein Grundstück am Schlossberg unterhalb von St. Ottilien zur Verfügung gestellt. Die Hochzeit des Klosters beläuft sich auf das 15. Jahrhundert, als es eng mit der neugegründeten Freiburger Universität zusammenarbeitete und der Prior Gregor Reisch, der gleichzeitig Universitätsprofessor war und mit bedeutenden Zeitgenossen wie Erasmus von Rotterdam verkehrte, die erste Enzyklopädie der Wissenschaften, die »Margarita philosophica«, schrieb.

▶ In Baden-Württemberg gibt es sechs Pädagogische Hochschulen. Seit 1971 gilt die Pädagogische Hochschule, die 1962 gegründet wurde, als wissenschaftliche Hochschule. Ursprünglich war sie eine klassische Anstalt zur Lehrerausbildung. Mittlerweile hat sie ihr Angebot erweitert und neue Studiengänge eingeführt, von denen einige sogar lehramtsunabhängig sind.

▶ In Freiburg Waldsee liegt das badenova-Stadion, das frühere Dreisamstadion, des Freiburger Sportclubs. 1995 befand sich auf dem Dach das erste Sonnenkraftwerk auf einem Stadion der Bundesliga. Trotz des vergleichsweise kleinen Stadions (24.000 Plätze) hat sich der SC Freiburg zwei mal für den UEFA-Cup qualifiziert.

Landwirtschaft im Wandel

Das kann man sich kaum mehr vorstellen: Kirchzarten war noch vor hundert Jahren ein Bauerndorf. Das gilt nicht nur für Ortsteile wie Dietenbach oder Neuhäuser, nein auch für den heutigen Ortskern. Mehr als die Hälfte aller Beschäftigten im Ort arbeiteten noch in der Land- und Forstwirtschaft. Und vor einem weiteren Jahrhundert, da lebten vier von fünf Bewohnern im Dreisamtal von dem, was sie selbst erzeugten. Die bäuerliche Lebenswelt prägte den Alltag, das Landschaftsbild, den Tageslauf, die Frömmigkeit, die Familienverhältnisse. Als vor 200 Jahren, am Karfreitag des Jahres 1807 frühmorgens um 7 Uhr ein Feuer am Kirchzartener Dorf- und Marktplatz ausbrach, standen innerhalb einer halben Stunde 17 Gebäude in Flammen. Fast lauter Bauernhäuser mitten im Ort. Sie hatten wie hier üblich Dächer aus Stroh, die gleichsam als Brandbeschleuniger wirkten, und sie waren ganz aus Holz gebaut. Kein Wunder, dass die badische Regierung, der Kirchzarten ein Jahr zuvor untertan geworden war, mit Nachdruck darauf drängte, beim Wiederaufbau und überhaupt bei Neubauten die Mauern aus Stein aufzuführen und die Dächer mit Ziegeln zu decken. Für das Ortsbild von Kirchzarten begann damals der Wandel. Beschleunigt hat er sich dann mit der Industrialisierung, die den Ort 1887 mit dem Bau der Höllentalbahn erreichte und allmählich die bäuerlichen Elemente an den Rand der Gemeinde drängte. Heute sind von den 46 land-

▶ Der 1593 erbaute Schniederlihof in Hofsgrund ist ein authentisches Beispiel für einen einfachen Kleinbauernhof, der als Museum die Lebenswelt der bäuerlichen Vorfahren bis ins Detail dokumentiert.

wirtschaftlichen Haupterwerbsbetrieben, die es 1979 noch in Kirchzarten gab, nur noch 19 übriggeblieben. Der letzte Bauernhof im Innenbereich musste 2009 der Wohn- und Geschäftsbebauung weichen.

Außerhalb vom Ortskern gab und gibt es indes weiterhin Bauernhöfe im traditionellen Stil des Schwarzwaldhauses. Sie gelten mit Recht bis heute als Zierde der Landschaft, diese mächtigen Hofgebäude mit dem gewaltigen Dach, das weit herunterreicht und an den Giebelseiten einen Halbwalm hat. Alles hat unter diesem Dach Platz: Menschen, Vieh und Ernte. Zur Talseite liegt der Wohnteil mit schmucker Fensterfront; die starren Sprossenfenster haben nur kleine Schiebeteile, weshalb es hieß, die Luft sei im Schwarzwald deshalb so gut, weil die Bauern die schlechte nicht rauslassen. Im hinteren Teil des Hofes liegt, vom Wohnteil durch den Flur (den »Hausärmel«) getrennt, der Wirtschaftsbereich mit dem Stall. Über dem Ganzen befindet sich die Scheune, durch die Hocheinfahrt vom Hang her

zugänglich. Vor dem Obergeschoss verläuft eine Laube, von deren Geländer im Sommer die Geranien leuchten. Höfe dieser Art gibt es zum Glück im Kirchzartener Raum, im Zartener Becken und in den angrenzenden Tälern noch in großer Zahl. Die Höfe, die so sinnfällig die bäuerliche Tradition verkörpern, werden meist von den Eigentümern aufwändig gepflegt und geben dem Landschaftsbild jenen Reiz, der die Region für Einheimische wie für Fremde so anziehend macht.

Die strengen Feuerschutz-Verordnungen der Obrigkeit sorgten gerade hier in der Region dafür, dass im Lauf des 19. Jahrhunderts neben dem alten Schwarzwaldhof samt seinen typischen Nebengebäuden (Speicher, Backhäuschen, Hofkapelle usw.) ein steinernes Wohnhaus errichtet wurde, so dass hier nicht selten ein eigenartiges Ensemble zu sehen ist: der malerische aus Holz gebaute Schwarzwaldhof zum einen, der aber inzwischen bloß noch der Ökonomie dient, und daneben das schmucklose, meist blockförmige Wohnhaus aus Stein, zweigeschossig, verputzt, mit streng symmetrischen Fensterfronten und Satteldach: durchaus eine Besonderheit dieser Region. Dass sich insgesamt so viele Schwarzwaldhöfe hier als geschlossene Hofgüter erhalten haben, ist dem Anerbenrecht zu verdanken, wodurch das Hofgut jeweils nur einem Nachkommen zukommt, und zwar dem jüngsten Sohn bzw., wenn ein männlicher Erbe fehlt, der ältesten unverheirateten Tochter. Dieses Erbrecht galt nicht für die kleinbäuerlichen Anwesen, die Berghäuschen einzelner Höfe, die Häuschen für Taglöhner, Waldarbeiter und Dorfhandwerker, die häufig den Besitzer wechselten und die oft neuen Wohnhäusern Platz

▶ Der Hansmeyerhof in Buchenbach (erbaut 1620) dokumentiert ganz anschaulich das bäuerliche Kulturerbe im Dreisamtal.

▶ »Ferien auf dem Bauernhof«, wie hier auf dem Ruhbauernhof, bieten in Kirchzarten gut ein halbes Dutzend Höfe an, im ganzen Dreisamtal sind es über zwanzig Höfe. Die meisten sind mit vier Sternen zertifiziert.

machten. Natürlich haben auch viele Schwarzwaldhöfe ihr Gesicht durch An- oder Umbauten stark verändert, manche dienen kaum mehr der Landwirtschaft. Aus manchen Bauernhöfen sind Gasthöfe geworden (gut zu erkennen z. B. »Rössle« in Dietenbach, »Rainhof« in Burg-Höfen, »Hirschen« in Oberried oder »Napf« in St. Wilhelm). Als Marktflecken besaß Kirchzarten schon in alter Zeit eigene Wirtshäuser. Sieben sind schon um 1750 be-

zeugt, meist in der Dorfmitte gelegen. Hier in der Nähe der Kirche pflegte man nicht nur Trauungen oder Kindstaufen ausgiebig zu feiern. Für einen rechten Bauer ziemte es sich auch, nach der Sonntagsmesse im Wirtshaus einzukehren (und zuweilen auch anstatt der Messe nach dem Motto »Besser im Wirthaus hocken und an die Kirch denken – als umgekehrt!«).

Bei allem Wandel ist die Landwirtschaft hier am Westrand des Schwarzwalds keineswegs ausgestorben. Sie prägt das Landschaftsbild und hat sich selbst den natürlichen Gegebenheiten angepasst. In der Ebene gibt es seit jeher Äcker und Wiesen; angebaut werden Roggen, Gerste, Hafer, Weizen, neuerdings vor allem auch Mais. An den flachen Hängen überwiegen Wiesen, an den steileren Weideflächen. Außerdem gibt es Hochweiden in höheren Lagen. Insgesamt dominiert hier wie auch sonst im Schwarzwald die Viehwirtschaft. Man hält vor allem Milchvieh, auch Pferde, Schafe und Ziegen. Zu den meisten Höfen gehört auch ein Stück Wald (der früher neben dem Holznutzen auch für die Waldweide von Bedeutung war). Das relativ günstige Klima machte den Obstbau rentabel. Den Hauptertrag bringt dabei das Kernobst, das auch zu Saft verarbeitet wird. Ehemals machte man daraus vor allem Most. Auch Steinobst wusste man zu nutzen, indem man daraus Schnäpse brannte. Als »Pays de Kirschwasser« hat ein französischer Reiseschriftsteller (Fernand Gueymard) die Region einmal bezeichnet. Beim Anblick der vielgestaltigen Landschaft finden Gäste, Durchreisende und natürlich auch die heimische Bevölkerung eine unerschöpfliche Fülle von Naturschönheiten. Dabei vergisst man zu leicht, dass dies alles das Werk vieler Generationen bäuerlicher Vorfahren ist, die bis auf den heutigen Tag mit ihrer Arbeit dafür sorgen, dass hier nichts verwahrlost, dass keine Monokulturen überhandnehmen, dass die Natur zur Geltung kommt im Wechsel der Jahreszeiten und in der vielfältig gegliederten Landschaft.

Bauern und Landwirte wollen sich indes nicht auf die Pflicht zur Landschaftspflege einengen lassen. Um allerdings ein ausreichendes Einkommen zu erwirtschaften, gab

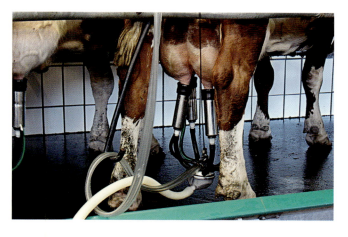

▶ Wer schon immer mal eine Kuh melken wollte, ist auf dem Jungbauernhof in Dietenbach genau richtig. Familie Mayer bietet auf ihrem Biolandhof Melkseminare an und lädt zum anschließenden Vesper ein, selbstverständlich aus hausgemachten Produkten. Während des Seminars erfährt der Besucher Details über den Ablauf beim Melken und über die heutigen Probleme der Besitzer eines Milchbauernhofes.

die traditionelle Agrarwirtschaft nicht genug her, zumal die mühsame Handarbeit an den Hanglagen viel zu geringe Erträge bringt. Aber Schwarzwälder sind kreativ (Fortbildung inbegriffen!). Viele verstehen es bestens, alle möglichen Beihilfen vom Staat und der EU zu ergattern. Sie lernten ferner, ihre Produktion zu diversifizieren und dem Markt anzupassen. Als Chance erwies es sich für einige Bauern im Ort, ihre Eigenprodukte direkt zu vermarkten. So entstanden etliche Hofläden mit einem mehr oder minder breiten Angebot. Zu kaufen gibt es u. a. Bauernbrot, frische Eier, Gemüse aus eigenem Anbau, selbst gebackene Kuchen, Marmeladen, Frischmilch und allerlei Milchprodukte (Joghurt, Käse, Quark), Obst, Säfte, Most und Wein, Hausmacher Wurst und Fleisch, z. B. von Kälbern aus der von der EU geförderten Mutterkuhhaltung. Als erfolgreichste Innovation erwies sich die Schaffung von Unterkünften für Feriengäste. Mit der Vermietung von Gastzimmern und Ferienwohnungen im alten oder neuen Hofgebäude gewannen die Bauern eine ganz neue Erwerbsquelle, und der Raum Kirchzarten wurde so zu einer Tourismusregion mit besonderem Anreiz durch zahlreiche Gastgeber für »Ferien auf dem Bauernhof.«

▶ Der Ruhbauernhof (Bild S. 77 unten) ist für sein seit 2004 selbst hergestelltes Bauernhof-Eis bekannt, das direkt aus der frischen Milch produziert wird. Je nachdem, um welche der 15 bis 20 verschiedenen Sorten es sich handelt, wird das Eis aus Eigelb, Zucker, natürlicher Geschmackspaste, Früchten und frischer Sahne hergestellt. Darüber hinaus werden auch Sorbets und Diabetikereis angeboten. Es sind Produkte aus der Region von höchster Qualität, die keine Konservierungsmittel, Bindemittel, künstliche Aromastoffe oder Farbstoffe enthalten.

▶ Heute wird auf der hofeigenen Kelterei des Markenhofs (vgl. rechte Seite) frischer Apfelsaft hergestellt.

Bäuerliche Betriebe sind Familienunternehmen. Knechte und Mägde zu beschäftigen, das war einmal. Aufgrund der weitgehenden Mechanisierung der Landwirtschaft werden zwar viel weniger Arbeitskräfte benötigt, aber da nicht wenige Bauern zum Überleben eine nebenberufliche Tätigkeit ausüben, geht es ohne die Mitwirkung der Ehefrauen und gegebenenfalls der größeren Kinder nicht. Mag die Arbeit auf dem Feld auch mühsam sein, ein rechter Dreisamtäler Bauer ist stolz darauf, sein eigener Herr zu sein, und das prägt(e) wohl auch die Mentalität der bäuerlichen Bevölkerung: Man ist zäh und sparsam, aber auch selbstbewusst und aufrichtig.

▶ Der Ursprung des Hofguts Markenhof reicht wahrscheinlich bis ins 14. Jahrhundert zurück. Die dazugehörige Markenhofkapelle, die heute vom Hofareal abgetrennt ist, geht auf eine Stiftung des Matthias Markh nach dem 30-jährigen Krieg zurück. Der Kapelle gegenüber lädt die ockerfarbene »Villa am Park« mitunter zu Ausstellungen ein. Dieses ziemlich verschachtelte ehemalige »Herrenhaus« gibt Anlass, über die bewegte Geschichte dieses Hofgutes nachzudenken. 1919 erwarb der jüdische Freiburger Fabrikant Goldmann das Anwesen von Baron von Wogau, dem Großvater des langjährigen Europaabgeordneten. Er richtete im Markenhof ein jüdisches landwirtschaftliches Lehrgut ein, um künftige zionistische Palästinapioniere für die Arbeit im Kibbuz auszubilden. Im hinteren, herrschaftlicheren Gebäudeteil befand sich eine kleine Synagoge mit Thora-Schrein und einem wertvollen Glaskunstfenster des zu seiner Zeit sehr bekannten Art-Deco-Künstlers Friedrich Adler († 1942). Er stammte, wie manche andere berühmte jüdische Zeitgenossen, aus dem schwäbischen Laupheim. Das expressionistisch anmutende Fenster befindet sich heute im Museum für Moderne Kunst in Tel Aviv und ist das einzige erhaltene Fenster dieses vielseitigen Kunstgewerbe-Professors, den man erst in den 70er Jahren wieder entdeckt hat. Anlässlich weltweiter Ausstellungen nach 1994 wurden die Motive dieses Fensters – die 12 Stämme Israels – als Medaillen geprägt und zu Sammlerobjekten. Die ca. 200 Auswanderer aus dem Lehrgut Burg exportierten den Namen »Markenhof« für einen Kibbuz sogar in die neue Heimat. Ehemalige Praktikanten haben sich 1993 in Israel getroffen, um mit einer Gedenktafel an den Stifter Konrad Goldmann zu erinnern.

Nach sechs Jahren ging aus finanziellen Gründen das gesamte Hofgut an das Evangelische Stift in Freiburg über. 1935 kaufte es der Vater des 2006 verstorbenen Kunstmalers Dr. Rolf Miedtke. 1937 musste der Markenhof an eine NS-Organisation verpachtet werden. Die soge-

nannten »Arbeitsmaiden« waren darin untergebracht. Seit 1938 hatte im »Herrenhaus« der Bildhauer Gerhard v. Ruckteschell rund 20 Jahre lang seine Wohnung und Werkstatt. Nach dem Krieg diente das Gut einige Jahre als Waisenhaus. Heute bewirtschaftet der Eigentümer, Dr. Uwe Miedtke, das Anwesen als Obstbaubetrieb und als Fruchtsaftkelterei.

Menschen im Dreisamtal

José Cabral

Pfarrer José Cabral wurde als ältestes von neun Kindern in dem Dorf Fiaes in Portugal geboren. Im nahegelegenen Guarda machte er sein Abitur und begann das Studium der Philosophie. Ab 1958 studierte er in Mainz Theologie und wurde dort auch 1962 zum Priester geweiht. Neben den seelsorgerischen Tätigkeiten und der Betreuung portugiesischer Gemeinden in Deutschland wurden Pfarrer Cabral wichtige Aufgaben im Schulwesen im Rahmen von Caritas International und Europäischer Union übertragen. Während dieser Tätigkeiten kam Pfarrer Cabral viel um die Welt und

▶ Die »Newe außgerüste deutsche Apoteck« von Gualterus Ryff (Pseudonym Apollinaris) aus dem Jahre 1602 ist ein besonderes Buch im Bestand der Klosterbibliothek Oberried. Es ist ein Lehrbuch über die vielfältige Nutzung von Kräutern, hier mit Wissenswertem über Metterkraut und Liebstöckel. Ein prächtiger Kräutergarten, Kräuterseminare und Wanderungen knüpfen in Oberried heute wieder an das in diesem Buch zusammengetragene Wissen über den Gebrauch der Kräuter an.

machte Bekanntschaften von Staatsmännern und Machtträgern, wie zum Beispiel Saddam Hussein. Gesundheitliche Probleme machten 1995 seinen Plan, als Missionar in Afrika noch einmal eine ganz neue Aufgabe zu übernehmen, zunichte. Ein Glücksfall für Oberried war, dass das erzbischöfliche Ordinariat den nun für eine neue Aufgabe freien Pfarrer Cabral für ein Vierteljahr in die pfarrerlose Pfarrei Oberried schickte. Inzwischen sind aus diesen drei Monaten schon mehr als 15 überaus fruchtbare Jahre geworden.

In dieser Zeit hat sich Pfarrer Cabral neben seiner seelsorgerischen Tätigkeit in den Pfarreien Oberried und Hofsgrund und als Seelsorger für die portugiesischen Gemeinden zwischen Baden-Baden und Waldshut vielerlei Verdienste, besonders auch auf kulturellem Gebiet, erworben. War er es doch, der nach seinem Amtsantritt 1995 die bis dahin im Verborgenen schlummernde Klosterbibliothek der Öffentlichkeit zugänglich machte. Als Pfarrer Cabral sein Amt antrat, erhielt er ein Schlüsselbund mit 18 Schlüsseln. Ein Raum, in dem »nur alte Bücher« seien, weckte seine Neugier. In einfachen Schränken lagerten in der ehemaligen Speisekammer jahrhundertealte Bücher. Das erste Buch, das er in die Hand nahm, war von 1487.

Erwin Dold

Als außergewöhnlich mutig erwies sich Erwin Dold (*1919), Seniorchef der Dold Holzwerke in Buchenbach und seit 2002 Ehrenbürger der Gemeinde. Dold war im Zweiten Weltkrieg zunächst Luftwaffenfeldwebel. Nach einem Jagdfliegerabsturz auf der Krim und mehreren Lazarettaufenthalten wurde er als 24-Jähriger zwangsverpflichtet, das KZ zunächst in Haslach im Kinzigtal, ab Herbst 1944 das KZ Dautmergen, zwischen Balingen und Rottweil, zu leiten. Entsetzt von den katastrophalen Zuständen und der enormen Sterblichkeitsrate unterlief er die grausame Lagerordnung und tat »alles, was er konnte«, um Leben zu retten. Er ließ gegen den Widerstand der SS eine Seuchenquarantäne über das KZ verhängen, um die Arbeiter vor der erschöpfenden Arbeit in den Ölschieferbrüchen zu bewahren. Darüber hinaus beschaffte er unter Lebensgefahr den Insassen Kleider, Decken und Nahrungsmittel und sorgte für Materialien zum Hüttenbau. Eine sogenannte Sterbebaracke schockierte ihn aufs Tiefste. In ihr vegetierten kranke Menschen unter widrigsten Umständen. Er ließ die Baracke schließen und die Menschen in die Krankenstation bringen. Noch kurz vor der Evakuierung des Lagers durch die Alliierten weigerte sich Erwin Dold, ein Exekutionskommando zur Erschießung von 23 sowjetischen Offizieren zu ernennen. Nach dem Krieg stellte er sich freiwillig den Franzosen und wurde nach zweijähriger Gefangenschaft als einziger KZ-Chef am 1. Februar 1947 als Angeklagter Nummer 41 von einem Militärgericht in Rastatt freigesprochen. Mehrere Gefangene des Konzentrationslagers erwiesen durch ihre Zeugenaussagen seine Unschuld. Im Januar 2012 wird mit dem Dreh eines Films über Erwin Dold mit hochkarätiger deutscher und französischer Besetzung begonnen.

Vasile Goldner

Vasile Goldner lebt seit mehr als 20 Jahren in Kirchzarten und feierte im Juli 2011 seinen 98. Geburtstag. Er wurde 1913 als Sohn einer ungarisch-jüdischen Familie in Halmeu (heute Rumänien, damals Österreich-Ungarn) geboren.

Nach Abitur und Jurastudium in Klausenburg (Cluj) arbeitete er mehrere Jahre lang in einer Rechtsanwaltskanzlei. Während des 2. Weltkriegs erhielt er Berufsverbot und wurde 1944 mit dem Einmarsch der deutschen Wehrmacht in Ungarn nach Auschwitz deportiert, wo er als einziger die Vernichtung seiner gesamten Familie überlebte. Nach dem Krieg heiratete er eine Holocaust-Überlebende und gründete mit ihr eine Familie. Er arbeitete zunächst als Stadtratssekretär in Satu Mare, Siebenbürgen, und leitete ab 1953 bis zu seiner vorzeitigen Pensionierung 1966 das dortige Staats-Symphonieorchester als administrativer Direktor. Aufgrund der desolaten wirtschaftlichen Lage in Rumänien und der zunehmenden Diskriminierungspolitik des Ceaușescu-Regimes wanderte er 1984 mit seiner Frau zusammen nach Israel aus. Nach dem Tod seiner Frau im Jahre 1989 nahm seine mittlerweile in Deutschland lebende Tochter ihn zu sich nach Kirchzarten, wo er mit deren Familie bis zum heutigen Tage in einer »Drei-Generationen-WG« zusammenlebt.

Vasile Goldner hat in Kirchzarten seine »Wahlheimat« gefunden, die ihm einen bescheidenen, aber beschaulichen Lebensabend im Kreise seiner Familie ermöglicht. Seine täglichen Rundgänge im Ort tätigt er nach wie vor selbständig und geht seiner Familie mit Einkäufen und »Dienstleistungen« aller Art zur Hand. Zu seinen liebsten Freizeitbeschäftigungen gehört neben dem Lösen von Kreuzworträtseln vor allem das Geigenspiel, mit dem er in Gestalt ungarisch/rumänischer Folklore die Klänge seiner alten Heimat wieder lebendig werden lässt.

Alois Herr

Alois Herr ist der Inhaber des Melcherbauernhofes in Ibental bei Buchenbach. Seit 17 Jahren wird der rund 150 Jahre alte Bauernhof nach den Bio-Richtlinien bewirtschaftet. Mittlerweile lohnt sich die Milchproduktion für die Bauern kaum noch. Aus diesem Grund hat sich Familie Herr neben der Produktion von Fleisch und Fleischprodukten auf die Produktion von Käse und anderen Milchprodukten, wie Quark oder Joghurt, spezialisiert. Diese können im hofeigenen Laden gekauft werden. Der Bauernhof bietet ebenfalls Führungen durch die Käserei an, ebenso durch die historische Schwarzwaldmühle, wo immer noch Getreide gemahlen wird.

Gidon Horowitz

In Stegen lebt einer der bekanntesten Märchenerzähler im deutschen Sprachraum. Gidon Horowitz, 1953 in Tel Aviv geboren und in Wien aufgewachsen, fesselt mit seinen Geschichten seit 1983 das Publikum. Sein umfangreiches Repertoire umfasst überlieferte Volksmärchen aus verschiedensten Ländern und selbst geschriebene Märchen, mit denen er in Theatern, Schulen, Büchereien, Altenheimen und Kindergärten auftritt. Zu seinen Schwerpunkten gehören Geschichten aus der jüdischen Überlieferung, Märchen aus dem Orient, Märchen über die Liebe, von Hexen und Zauberern, von Bäumen, vom Wasser … Es ist ihm ein Anliegen, »mit schönen Geschichten die Herzen der ZuhörerInnen zu berühren, ihre Seelen zu nähren und ihre Phantasie anzuregen«. So lässt er seinem begeisterten Publikum viel Raum für die eigenen inneren Bilder zu den Geschichten und überrascht es zwischendurch immer wieder mit feinem Humor.

Gidon Horowitz hat bereits einige Bücher und mehrere CDs veröffentlicht. Seine Auftritte führen ihn immer wieder auch zu Erzähl-Festivals in Deutschland, Frankreich, Österreich und der Schweiz. Zudem ist er auch als Analytischer Psychotherapeut in eigener Praxis in Stegen tätig. Dabei sind neben den Lebensgeschichten der Patienten und ihren Träumen die Märchen ebenfalls wichtig, da sie mit ihren Bildern und Symbolen Zugänge zum Unbewussten eröffnen können.

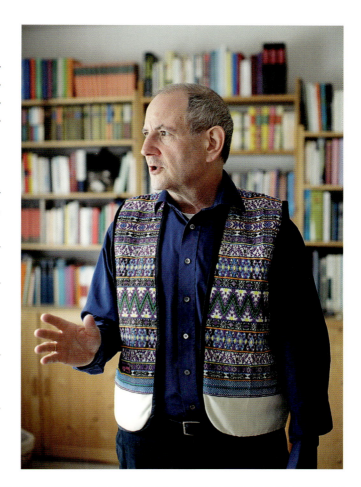

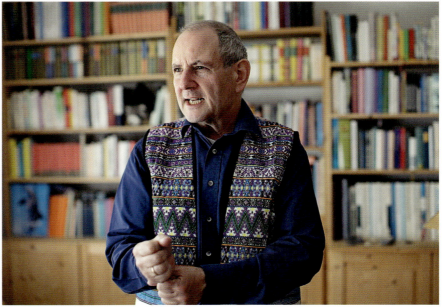

Regine Knaus

Regine Knaus wuchs zusammen mit sechs Geschwistern im Schwarzwald-Baar Kreis auf. Sie lernte ihre Großmutter, in deren Fußstapfen sie später treten sollte, nie kennen, da diese bereits vor ihrer Geburt verstarb, bekam aber von ihrem Vater und ihren Tanten oft vom Alltag einer »Hebammenmutter« berichtet. Auch die Hochachtung der Dorfbevölkerung gegenüber ihrer Großmutter blieb Regine Knaus in lebhafter Erinnerung. Sie verbrachte zuerst einige Jahre als Verwaltungsangestellte, bis sie eine junge Hebamme in Ausbildung kennenlernte, die ihr begeistert von ihrem Beruf erzählte und die Entscheidung zu einem Berufswechsel bewirkte. Daraufhin bewarb sich Regine Knaus umgehend an der Frauenklinik in Freiburg, wo sie, wie schon ihre Großmutter, zur Hebamme ausgebildet wurde.

Seit 1987 ist sie als solche tätig. Zuerst war sie Angestellte in einer Freiburger Klinik und dann ging sie – nach der Geburt ihres ersten Sohnes – zur freiberuflichen Arbeit über. 1985, als ihr zweites Kind zur Welt kam, zog Regine Knaus mit ihrer Familie nach Burg-Birkenhof, wo sie auch arbeitete. Vier Jahre später bezog sie ihre ersten eigenen Praxisräume am Burger Platz.

Zur Zeit arbeitet sie überwiegend als freiberufliche Hebamme im Dreisamtal und Umgebung. Besonders schätzt sie an der Gegend, dass ihre Kinder behütet aufgewachsen sind, und sie plant auch ihren Lebensabend dort zu verbringen. Eine Anekdote aus dem Hebammenalltag von Regine Knaus belegt die Vorteile einer dörflichen Umgebung, in der Vertrauen die Basis des menschlichen Miteinanders bildet. So wurde Regine Knaus nachts telefonisch zu einer Gebärenden mit starken Wehen gerufen. Der Ehemann erklärte ihr den Weg und sie fuhr eiligst zur angegebenen Adresse. Wie abgemacht brannte das Hoflicht und die Haustüre

stand weit offen. Allerdings erwartete man sie nicht und auch auf vorsichtiges Rufen und Klopfen antwortete niemand. Regine Knaus stieg die Treppe zur nächsten Etage hoch und öffnete die Tür zum Schlafzimmer. Dahinter fand sie ein friedlich schnarchendes Paar vor. Sie hatte sich in der Adresse geirrt. Genauso leise, wie sie gekommen war, verließ sie wieder das Haus. Die Gebärende fand sie dann ein paar Häuser weiter, und das Kind kam mit ihrer Unterstützung gesund zur Welt.

Thomas Lefeldt

Thomas Lefeldt ist gebürtiger Hamburger und hat eine Ausbildung als Konzertpianist und Komponist an der Detmolder Musikhochschule durchlaufen, bevor er 1980 in den Freiburger Raum übersiedelte. Neben pädagogischer wie konzertierender Tätigkeit nimmt die Malerei eine zentrale Stellung innerhalb seines künstlerischen Schaffens ein. Seine Bilder stehen in der Tradition des »Informel«, sind aber in ihrem naturbezogenen Erscheinungsbild und ihrer materialbetonten Oberflächenbeschaffenheit einer weitgefassten Gegenständlichkeit näher als der abstrakten Kunst. Dem Malprozess gehen oftmals Fotostudien von Mauerstrukturen, Gesteinsformationen und Felswänden, Fassaden und Türen, Wasserspiegelungen und Teichvegetationen voraus, sie dienen als Materialsammlung, mit deren Hilfe der Künstler die Thematik seiner Malerei ständig neu definiert.

Auf den Spuren musikalischer Gestaltungsprinzipien in der Natur beschäftigt er sich zeitweise auch mit Videoarbeiten, zu denen er Musik komponiert, um diese mit dem Filmmaterial zu einer eigenständigen audiovisuellen Sprache zu verschmelzen.

Thomas Lefeldt lebt als freischaffender Künstler in Kirchzarten.

Waltraud Schmidt

Wenn Waltraud Schmidt in Stegen einkaufen geht, braucht sie manchmal die dreifache Zeit. Das liegt aber nicht, wie man vielleicht vermuten würde, daran, dass sie nicht sehen kann; vielmehr hat sich die Hilfsbereitschaft der Sozialpädagogin, die ihre Arbeit nie nur als Arbeit, sondern immer als Lebensaufgabe begriff, so weit herumgesprochen, dass das ein oder andere Beratungsgespräch durchaus auch auf der Straße geführt wird.

Aus Hartheim in der Rheinebene kam Frau Schmidt zum Studium der Sozialpädagogik das erste Mal nach Freiburg. Dort war sie auch viele Jahre in unterschiedlichen Positionen tätig. Sie betreute Lehrlinge, die aus Heimen kamen, im katholischen Lehrlingsheim in der Kartäuserstraße, wechselte nach vier Jahren zur stationären Jugendhilfe, wo sie manche Kinder von der Sonderschule bis zum Abitur begleitete, und nahm ein Psychologiestudium auf.

Ihre Stelle als sozialpädagogische Beraterin am Kolleg St. Sebastian, die Waltraud Schmidt 1998 nach Stegen und damit ins Dreisamtal brachte, bezeichnet sie als den krönenden Abschluss ihrer beruflichen Laufbahn. Waltraud Schmidt fühlt sich dem altsprachlichen und musischen Profil der Schule, an der sie Schüler, Eltern und Lehrer – am besten alle zusammen an einem Tisch – nach dem Prinzip des ganzheitlichen Angehens eines Problems beriet, stark verbunden. Im Vordergrund der Beratungsgespräche stehen oft Lernschwierigkeiten, aber es tun sich viele andere Probleme dahinter auf, denn »es ist nicht nur die Schultasche, an der mancher Schüler sehr schwer trägt«, wie sie zu sagen pflegt.

Ihren Ruhestand sollte man wohl eher als »Unruhestand« bezeichnen, da Waltraud Schmidt weiterhin als Beraterin tätig ist. Nun arbeitet sie ehrenamtlich und oft kommen Menschen zu ihr, die nicht die Möglichkeit hätten, für eine Beratung zu bezahlen.

Klara Spiegelhalter

Klara Spiegelhalter ist 57 Jahre alt und bereits seit 11 Jahren Vorsitzende des Landfrauenvereins Kirchzarten-Stegen. 37 Jahre lang war Klara Spiegelhalter selbst Bäuerin des Küchlehofes im Geroldstal, ehe sie 2010 gemeinsam mit ihrem Mann den Pachthof aufgab, um nach Kirchzarten in eine Eigentumswohnung zu ziehen. Der Verein der Landfrauen wurde 1984 gegründet und hat 100 Mitglieder, die rund einmal im Monat zusammentreffen. Der Sinn der Gründung bestand in dem Wunsch, bäuerliche Familienbetriebe zu fördern und zu stärken. Die Themen der Vereinsarbeit reichen von Familien- und Lebensfragen über Gesundheit und Bewegung wie auch Natur, Umwelt und Garten bis hin zu Finanzen und Recht. Außerdem setzt sich der Verein für die Gleichberechtigung der Frau ein. Aber auch für die Freizeitgestaltung haben die Landfrauen etwas auf dem Programm: Genauso wie die Sing- und die Gymnastikgruppe zum festen Bestandteil des Vereins gehören, so tut dies auch eine im Sommer ausgerichtete Radtour, Wanderung und Besichtigungsfahrt. Darüber hinaus gibt es vier Backtage, während der die Frauen für den Weihnachtsmarkt in Kirchzarten, der am ersten Advent stattfindet, Weihnachtsgebäck herstellen.

Thomas Zipfel

Spricht man vom Langlauf im Dreisamtal, werden in einem Atemzug mit dem Schneesport die Geschwister Zipfel genannt. Ein Weihnachtswunsch des Ältesten, Georg, legte den Grundstein für ihre Karriere. Sein größter Wunsch waren ein Paar Langlaufski. Zählt man alle deutschen Meistertitel der Geschwister zusammen, kommt eine Anzahl von über 40 zusammen. Bis heute sind alle Geschwister mit dem Sport und der Natur fest verbunden geblieben. Ob als Trainer oder als aktive und begeisterte Sportler, für alle ist der Sport immer noch ein wichtiger Teil ihres Lebens. Nicht nur Meister im Langlauf wie seine Brüder, sondern ein begabter Cartoonist und Karikaturist ist Thomas Zipfel, der als Autodidakt vom »unheimlich guten Strich« des Kirchzarteners Gerhard von Ruckteschell gelernt hat. Inzwischen gibt es viele Buchillustrationen und erfolgreiche Cartoonbücher von Thomas Zipfel. Er zeichnet unter anderem für Magazine aus Deutschland, der Schweiz und Norwegen; viele Cartoons bzw. Karikaturen wurden auch in der ARD und beim ZDF veröffentlicht. Auch für Sportveranstaltungen hat er illustriert, z. B. für die Mountainbike-Weltmeisterschaft.

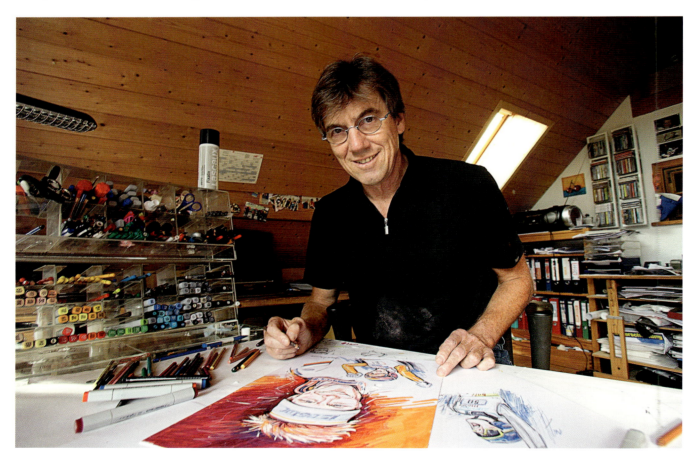

DREISAMTÄLER
LIFE-STYLE

Ultra Bike Marathon

Ein alljährlicher sportlicher Höhepunkt ist der Black Forest Ultra Bike Marathon. Unzählige Mountainbike-Begeisterte pilgern für ein Wochenende im Juni zum größten Mountainbike-Marathon Mitteleuropas nach Kirchzarten. Im Jahr 1990 richtete die Ski- und Radabteilung des SV Kirchzarten die erste Deutsche Mountainbike-Meisterschaft mit großem Erfolg aus. Zwei Jahre später kam es zu einer Wiederholung und zu einer Erweiterung der Veranstaltung. Höhepunkt war die erstmals 1995 ausgerichtete Weltmeisterschaft. 120.000 Zuschauer feierten an drei Wettkampftagen mit den Sportlern die 6. Weltmeisterschaft in den Disziplinen Downhill und Crosscountry. Als der SV Kirchzarten zwei Jahre später sein 75-jähriges Jubiläum beging, richtete die Ski- und Radabteilung den ersten Black Forest Ultra Bike Marathon aus. Unterstützt von den Gemeinden und anderen Vereinen boten die Veranstalter den 1392 Teilnehmern zwei verschiedene Strecken durch den Südschwarzwald an. Der »Ultra« mit über 115 Kilometern und 3350 Höhenmetern sowie der »Marathon« über 79 Kilometer und 2100 Höhenmeter standen damals auf dem Programm. Eine weitere

▶ Gerade mal 21 Jahre alt ist Fabian Strecker, der seit 2007 Mitglied der Mountainbike-Nationalmannschaft ist. Begonnen hatte er ursprünglich mit dem Skifahren. Um sich auch weiterhin über die Sommermonate fit zu halten, fand er das Mountainbiken als Ausgleichssportart. Fabian Strecker ist der Meinung, dass das Dreisamtal mit seiner Umgebung eines der besten Mountainbike-Gebiete in Deutschland, gar in Europa ist. Mit der Zeit fand Fabian Strecker immer mehr Spaß am Mountainbiken und fuhr nach und nach immer mehr Wettkämpfe. Das Mountainbiken ist eine Ganzkörpersportart. Die heutigen Fahrer werden immer athletischer. So gewinnt nicht unbedingt derjenige, der die meiste Ausdauer hat, sondern jener, der gute Koordination, Maximalkraft und vor allem einen starken Willen hat. Unfälle gibt es beim Mountainbiken oft, meist sind sie nicht schlimm, da bei dieser Sportart eine Helmpflicht besteht. Mittlerweile hat Fabian Strecker bereits an etlichen nationalen und internationalen Rennen teilgenommen, unter anderem an Europa- und Weltmeisterschaften. Sein größter Erfolg war der 4. Platz bei der Juniorenweltmeisterschaft 2008.

Strecke ist der »Short Track« mit Start in Hinterzarten. Seit 2011 gibt es den »Speed Track« mit Start in Todtnauberg. Um die Natur und die Arten zu schützen, werden die Strecken im Laufe der Jahre immer wieder verändert.

▶ Der Ultra Bike Marathon 2010

▶ Seil auf! Spannen – Fertig – Pull

Tauziehen

Das Tauziehen zählt neben Laufen, Speerwerfen und Ringen zu den ältesten Sportarten der Welt und ist gleichzeitig eine ganz besondere Sportart im Dreisamtal. Nachdem der Tauziehsport lange Zeit nicht mehr ausgeübt wurde, erhielt er in den 30er Jahren des 20. Jahrhunderts neue Konjunktur und inzwischen treten sowohl Männern als auch Frauen, gemischte Teams und Jugendteams gegeneinander an. Im Dreisamtal entstanden in der zweiten Hälfte der 80er Jahre zwei Tauziehvereine: der Tauziehclub Eschbachtal und die Tauziehfreunde Dietenbach. International hatten sich die Dietenbacher Tauzieher bereits durchgesetzt, als Mitglieder von ihnen mit

der deutschen Nationalmannschaft während der WM 2008 die Bronzemedaille gewannen. Seitdem zählen sie zu den besten Mannschaften der Welt. 2010 taten sich in Südafrika auch das Frauen- und das Jugendteam hervor. Die einfachen Spielregeln beim Tauziehen machen diese Sportart besonders attraktiv für Zuschauer. Jeweils acht Sportler einer Gewichtsklasse – diese ergibt sich aus dem Gesamtgewicht eines Teams – stehen sich an einem dicken Seil gegenüber. Nachdem der Schiedsrichter »Seil auf – spannen – fertig – pull« gerufen hat, geht es los. Die Hände der Sportler sind mit Baumharz beschmiert und an ihren Füßen tragen sie metallbesohlte Stiefel.

Highland Games

Auf dem Festgelände in Stegen-Wittental finden alljährlich die Highland Games statt. Ursprünglich dienten diese der Auswahl der besten Botenläufer und Krieger, später ging es darum, sich bei Wettkämpfen mit den benachbarten Clans durchzusetzen.

▶ Beim Fasshochwurf muss der Spieler ein ungefähr 18 kg schweres Fass über eine auf zwei oder vier Metern hohe Hochsprunglatte werfen.

▶ Hier muss der Teilnehmer mit Gewichten von bis zu jeweils 30 kg in einer festgelegten Zeit so viel Runden wie möglich im Kreis laufen.

▶ Die Teilnehmer müssen beim Tree Trunk Walk mit einem Baumstamm auf den Schultern einen Parcours durchlaufen.

▶ Bei dieser Disziplin, dem Weinfassrollen, muss ein gefülltes Fass möglichst schnell über eine Strecke mit Hindernissen gerollt werden.

Nachdem eine Startgebühr von fünf Euro entrichtet wurde, konkurrieren die Sportler in sechs Disziplinen: Fasshochwurf, Hammerwurf, Tauziehen, Baumstammwurf, Weinfassrollen und Farmers Walk um die Siegprämie von 250 Euro. Nicht nur Kraft, sondern auch Geschick ist dabei gefragt. Ab einer Anzahl von vier Leuten kann auch im Team in drei Disziplinen um die Punkte gekämpft werden. Zunächst werden die Spieler gewogen. Für manchen wirkt sich dies negativ aus, hat doch das Gewicht Einfluss auf die Punktezahl. Durch einen extravaganten oder schönen Kilt, der ebenso bei der Punktevergabe berücksichtigt wird, kann dieser Nachteil wieder ausgeglichen werden. Zur Unterhaltung gibt es eine Dudelsackkapelle.

Golfclub Freiburg

Unter Golffreunden gilt die Anlage des Freiburger Golfclubs als Geheimtipp. Denn neben der Erholung schätzen die Golfer besonders das Eintauchen in die Natur. Und davon hat der Freiburger Golfclub viel zu bieten. Neu angelegte Golfplätze gibt es in Deutschland mittlerweile viele, deswegen beeindruckt Gäste von auswärts an der Anlage des Freiburger Golfclubs besonders der alte Baumbestand, der dem Golfgelände das exklusive Erscheinungsbild eines gepflegten Parks verleiht.

Gegründet wurde der Freiburger Golfclub am 18. Februar 1970 in Freiburg, im Verwaltungsgebäude der Ganter Brauerei. Um an das Wunschgelände zu gelangen, mussten einige Schwierigkeiten überwunden werden. Der Gründungspräsident des Freiburger Golfclubs, der 2010 im Alter von 100 Jahren verstorbene Dr. Fredy Stober, fasste dies in seinen Lebenserinnerungen »Ein Leben mit dem Sport« folgendermaßen zusammen: »Ich hatte das Gefühl, dass es leichter wäre, in der Wüste Sahara einen Golfplatz zu bauen als in Freiburgs Wassereinzugsgebiet«.

Heute sind die Anfangssorgen längst verflogen. Die Greens, die Fairways und die Abschläge der 18-Loch-Anlage sind in bestem Zustand. Das haben mittlerweile auch zahlreiche Wildtiere wie zum Beispiel die Feldhasen bemerkt, die sich in größerer Population auf dem Golfplatz angesiedelt haben. Hier leben sie in friedlicher Koexistenz mit den Golfspielern. Außerdem haben zahlreiche Vögel in den hohen Bäumen ein Zuhause gefunden.

Da sich das Golfspielen in der englischen »Upper Class« entwickelt hat, haftete ihm in der Vergangenheit immer etwas Elitäres an. Doch das ist vorbei. In England, im Mutterland des Golfsports, in Irland oder in den USA ist Golfspielen längst zum Volkssport geworden. Mittlerweile auch in Deutschland: Hier sind in deutschen Golfclubs mehr als 600.000 Golfer gemeldet. Mehr als 800 davon spielen auf der schönen Anlage im Dreisamtal und sind Mitglied des Freiburger Golfclubs. Auch Gastspieler, sogenannte Greenfee-Spieler, die für eine Platzgebühr auf der Anlage spielen dürfen, fühlen sich auf dem Freiburger Golfplatz sehr wohl.

Aber nicht nur die landschaftlich attraktive Lage macht die Anlage des Freiburger Golfclubs für Golfspieler interessant. Auch sportlich gesehen ist der Platz eine echte Herausforderung. Der Platz ist flach und besitzt wenig Höhenunterschiede, aber er verlangt mit den vielen hohen, alten Bäumen und den quer über die Golfbahnen fließenden Bächen eine sehr genaue Spielweise.

▶ Das sogenannte 19. Loch, das Clubhaus mit schönem Ambiente und guter badischer Küche, rundet das ereignisreiche Spiel ab und lädt zum Entspannen ein.

▶ Das wunderbare Schwarzwaldpanorama war einer der entscheidenden Gründe, warum die Gründer des Freiburger Golfclubs gerade im Dreisamtal ihren Golfplatz gebaut haben.

▶ Unabhängig von der Jahreszeit ist das Dreisamtal eine beliebte Gegend für die unterschiedlichsten Sportarten.

Fasnacht

Im Dreisamtal gibt es eine Reihe an unterschiedlichen Zünften. Unter den bekanntesten sind die Kirchzartener Höllenzunft, die feurigen Salamander aus Ebnet, die Narrengilde Oberried und die Waldseematrosen aus dem Ortsteil Waldsee. Dies sind alte Zünfte, die in der Zeit um den Zweiten Weltkrieg gegründet wurden. Sie alle gehören dem Verband der Oberrheinischen Narrenzünfte an. Weiterhin gibt es viele Zünfte, die sich erst in den 80er Jahren herausgebildet haben. Hierzu zählen beispielsweise die Buchenbacher Zünfte Rot-Blau Höllental, Zainemacher oder die Höllenhunde, die Waldgeisterzunft aus Stegen und die Schauinsländer-Berggeister aus Kappel.

▶ Das älteste Kirchzartener Narrennest verkleidet sich in der Gestalt der Brigitti-Hex, die aus einer Sage um ein altes Weiblein geboren wurde. Sechs Jahre später, 1938, traten der Gruppe drei Herolde bei, die als Fasnetlader bezeichnet wurden und deren Häs mit schwarz-roten Flecken geschmückt ist. Gemeinsam mit den Geiselklöpfern sind sie seit 1949 Mitglied der badischen Höllenzünfte und zählen zu den ältesten Hexenzünften im Verband der Oberrheinischen Narrenzünfte. Zu Beginn der Fasnacht wird der berühmte Kirchzartener Hexentanz aufgeführt, mit dem sie bereits beim Kanzlerfest 1980 in Bonn und 1984 vor dem Europaparlament in Oberkirch auftraten.

▶ Das Scheibenschlagen ist Teil der alemannischen Fasnacht und findet am Freitag oder am Samstag nach Aschermittwoch statt. Ledige junge Männer in traditioneller Kleidung ziehen los und besuchen Familien in den Dörfern, um um Holz oder finanzielle Unterstützung zu bitten. Oftmals wird ihnen dabei der ein oder andere Schnaps ausgegeben. Mit dem gesammelten Holz errichten sie einen ca. fünf Meter hohen Scheiterhaufen, das Scheibenfeuer, auf den Erhöhungen in Buchenbach, Ibental, Falkensteig, Eschbach, Kappel und Oberried. Auf dem Scheiterhaufen, der am sogenannten Funkensonntag entzündet wird, ist eine Strohpuppe befestigt.

Das Scheibenschlagen beginnt bei Einbruch der Dunkelheit mit drei »Vater unser«. Danach werden kleine Buchenscheiben auf die mitgebrachten Haselnussstöcke gesteckt, die die jungen Männer bis zum Glühen in das Feuer halten, um sie danach über die Schiebebank, eine Art Rampe, ins Tal zu schlagen. Jede Scheibe wird mit einem Spruch »Schibi, Schibo, wem soll die Schibe go? Die Schibe soll dem ... go!« oder einem Vers abgefeuert. Begonnen wird dabei mit der Heiligen Dreifaltigkeit. Ihr folgen Grüße an den Pfarrer, an den Bürgermeister, an die Gemeinderäte und die Helfer, ehe dann auch Privatpersonen gegrüßt werden dürfen, nicht zuletzt auch die Mädchen aus den Dörfern. Deren erhoffte Zuneigung wird anhand der Höhe gemessen, die die Scheibe beim Abschlag erreicht. Neben diesen Scheiben gibt es auch Spottscheiben, bei denen allerdings keine Namen genannt werden dürfen. Der Ausklang des Scheibenschlagens findet beim Scheibentanz in einem Gasthaus statt.

Religiöse Orte

Auf Schritt und Tritt begegnen dem Wanderer durch das Dreisamtal religiöse Spuren und Denkmäler: Kirchtürme überragen die Dörfer, Wegkreuze und Bildstöcke säumen die Straßen und Wege, Heiligenfiguren oder religiöse Bilder zieren die Häuser. Sie verraten einiges über die Sehnsüchte, Hoffnungen, Fragen und Ängste der Menschen. Inneren Halt und Antworten suchten die Talbewohner seit fast anderthalb Jahrtausenden im Glauben an Jesus Christus und in der christlichen Frömmigkeit.

Als der britische Mönch Bonifatius 719 vom Papst den Auftrag erhielt, die Völker Germaniens zu missionieren, war das Christentum im Dreisamtal bereits keine unbekannte Religion mehr. Im alemannischen Raum hatten schon einige Zeit zuvor iroschottische Mönche und ihre Helfer das Christentum verbreitet. Das Patrozinium der Kirchzartener Kirche und der Bär im Gemeindewappen von Kirchzarten erinnern bis heute an den irischen Missionar Gallus und an das Kloster St. Gallen, mit dem die Geschichte Kirchzartens jahrhundertelang eng verbunden war. Religion und Frömmigkeit dieser Frühzeit wurden von der adligen Oberschicht

▶ Auf dem Hochaltargemälde in der St. Gallus Kirche in Kirchzarten ist der irische Missionar Gallus mit Abtsstab und Bären abgebildet. Der Bär brachte Gallus der Legende nach nachts Brennholz für sein Feuer.

▶ Das Kirchzartener Wappen: ein Bär, der auf St. Gallus verweist, auf gelbem Hintergrund mit einem Doppelkreuz. Auf der rechten Seite befindet sich das halbe Georgskreuz, das Wappen der Stadt Freiburg.

und von den Klöstern getragen und geprägt. Für die Religiosität der gesamten Bevölkerung spielte die Heiligenverehrung eine wichtige Rolle. Zu diesen himmlischen Helfern wandte man sich besonders in Not und Krankheit. In Stegen stand seit dem Spätmittelalter die dem heiligen Sebastian geweihte Schlosskapelle, auch Sebastianskapelle genannt.

▶ Abbildung des heiligen Sebastian in der Schlosskapelle in Stegen.

An den Beistand des Pestpatrons St. Sebastian klammerten sich die Menschen besonders während der verheerenden Pestwellen, die die Gegend seit 1348 wiederholt heimsuchten.

An manchem Bild und mancher schlichten Votivtafel kommt das Ausmaß der Bedrohungen durch Krankheiten, Feuer oder Viehseuchen, die Hunger und Not nach sich zogen, zum Ausdruck. Angst hatten die Talbewohner aber nicht nur vor dem Tod, sondern in besonderer Weise vor dem ewigen Gericht Gottes nach dem Tod.

Seit dem Mittelalter unternahmen zahllose Gläubige kleinere Wallfahrten oder größere Pilgerreisen; Pilgern war und ist bis in die Gegenwart hinein fester Bestandteil des religiösen Lebens. Durch das Höllental führte einer der vielen Pilgerwege nach Santiago de Compostela, der bedeutendsten mittelalterlichen Wallfahrt. Dass die Kapelle beim Gasthaus Himmelreich dem heiligen Jakob geweiht ist, zeugt davon.

Andere Heiligtümer und Wallfahrtsorte waren auf dem Lindenberg und dem Giersberg, wo der Überlieferung nach die Gottesmutter Maria einfachen Hirtenjungen und einem Talbauern erschienen war. Die Giersbergkapelle entstand um 1700. Während des Josephinismus wurde den Wallfahrten und Andachtsstätten der Kampf angesagt; so konnte die Giersbergkapelle nur Dank der massiven Proteste der Bevölkerung und des Vogtes vor dem Abriss gerettet werden.

▶ Die Jakobsmuschel als Zeichen für den Pilgerweg weist Wanderern und Pilgern den Weg. Im Mittelalter gab es verschiedene Pilgerwege, die von Süddeutschland aus, über Frankreich und die Schweiz, nach Santiago de Compostela führten, wo sich das Grab von Jakobus befindet. Pilger, die aus Regionen Schwabens oder Bayerns kamen, machten auf ihrem Weg vom Schwarzwald herunter noch vor der Stadt Freiburg an der Jakobuskapelle halt. Von dort aus ging es weiter nach Freiburg, wo sich die Gruppen sammelten und sich ab Breisach auf die französischen Pilgerwege begaben.

▶ Zu erkennen ist Jakobus an seinem breitkrempigen Hut mit einer Muschel wie auch an der Wasserflasche und dem Knotenstock. Das Original befindet sich heute im Augustinermuseum. Während der Wallfahrten knieten sich vor der 95 cm großen und 28 cm breiten Figur, die gegen Ende des 16. Jahrhunderts aus Lindenholz geschnitzt wurde, die Pilger zum Bittgebet nieder.

▶ Jakobuswallfahrten waren im Mittelalter die wichtigsten Wallfahrten, aus diesem Grund ist die Kapelle neben dem Gasthaus Himmelreich schon sehr alt. Die erste Kapelle wurde bereits vor dem 15. Jahrhundert errichtet. Ursprünglich stand die Kapelle an einem anderen Ort. Als jedoch die B 31 erweitert wurde, wurde sie zuerst 1963 und nochmals 1986 verlegt.

▶ Dem Bau der Giersbergkapelle gingen einige Ereignisse voran. Ursprünglich wurde das Bild der Mutter Gottes in einem Föhrenbaum mit einer Kniebank davor verehrt. Als es zu einem verheerenden Brand kam, gelobte die Bevölkerung den Bau einer Kapelle. Doch als die ärgste Not vorbei war, wurde das Versprechen vergessen. Da trat eine Viehseuche auf. Sie erinnerte die Menschen an ihr Versprechen, eine Kapelle zu errichten. Nun aber machte der Talvogt von Hugenstein Schwierigkeiten. Plötzlich bekam er solche Schmerzen an den Augen, dass er fast erblindete. Er wandte sich um Hilfe an Maria und erfuhr Besserung. Jetzt förderte auch er den Kapellenbau, und so entstand zunächst ein kleiner Bau aus Holz. Bald wollten die Gläubigen mehr, auch Messfeiern sollten gehalten werden. Dagegen wehrte sich nun der Pfarrer von Kirchzarten, denn er hatte nicht weniger als sechs Kapellen gottesdienstlich zu betreuen. Was geschah? Er wurde gelähmt, so »daß er keinen Bissen Brot noch Löffel Suppen mit seinen eigenen Händen hat können zu sich nehmen«, wie die Chronik berichtet. Von jetzt an wurde gesammelt, gespendet, ein Kapellenfonds gegründet und im Jahre 1738 wurde die neue Kapelle zu »Ehren Marias, des hl. Gallus und der beiden Johannes« eingeweiht.

▶ Antonius lebte als Einsiedler um 250 in Ägypten und scharte eine große Zahl von jungen Mönchen um sich. Das Schweinchen und das »Taukreuz« mit Glöckchen sind Insignien des Antonius. Die Erklärung dafür gibt einen Einblick in die mittelalterliche Sozialfürsorge: Der um 1095 gegründete Antoniterorden nahm sich im Mittelalter vor allem der Aussätzigen an, die er in seinen Leprosenhäusern pflegte. Die Kranken mussten bei Begegnungen wegen der Ansteckungsgefahr mit Glöckchen an den Krücken auf ihre Krankheit hinweisen. Um die Aussätzigen pflegen zu können, hatten die Antoniter das Privileg erwirkt, Schweine in Dörfern oder Städten frei laufen zu lassen, so dass sie durch deren Verkauf das notwendige Geld für die Versorgung der Kranken zusammen bekamen. Die Bauern, die Krankheiten bei sich oder ihren Schweinen feststellten, wandten sich an den heiligen Antonius.

Die Statue an der Kapelle ist heute eine Kopie, das Original des Matthias Faller befindet sich im Antoniussaal des katholischen Gemeindehauses in Kirchzarten.

An der Außenfassade der Giersbergkapelle fallen außer der Immaculata zwei Statuen besonders auf – Paulus von Theben und Antonius der Einsiedler. Die Verehrung dieses »Sautoni« wurde gerade bei den Bauern gepflegt, half er doch gegen Rotlauf bei Schweinen und gegen die vom Mutterkorn verursachte Kriebelkrankheit. Der kunstvolle Pilgerpfad von 1897 ist der beliebteste Fußweg hinauf auf das kleine Wallfahrtsheiligtum auf dem Giersberg. Oben genießt man einen herrlichen Rundblick über das ganze Zartener Becken.

▶ In der Lindenbergkapelle findet seit 56 Jahren die ewige Anbetung statt.

Anders erging es der Lindenbergkapelle. Diese wurde 1787/88 abgerissen und als neue Pfarrkirche von Eschbach im Tal wieder aufgebaut. Allerdings hielten die Ibentäler an ihrem alten Pilgerziel fest und bauten ohne die Erlaubnis der Behörden eine neue Kapelle.

Der Lindenberg nimmt unter den Wallfahrtsorten im Dreisamtal den ersten Platz ein. Auch er steht im Zeichen der Marienwallfahrt. Die Kirche ist sehr schlicht ausgestattet. Der Blick fällt gleich auf das Gnadenbild der Mutter Gottes mit dem Jesuskind. Das Besondere an der Lindenbergkapelle ist die ewige Anbetung, die nunmehr seit 56 Jahren stattfindet: Mit dem Besuch Konrad Adenauers in Moskau begann das Männerwerk der Erzdiözese in Freiburg die ewige Anbetung auf dem Lindenberg. Jährlich kommen so fast 1000 Männer in eingeteilten Gebetsgruppen auf den Lindenberg. Sie beten für sich, für die Kirche und insbesondere für den Frieden in der Welt. Jeden Samstag wechseln die Gruppen, die aus 20 bis 25 Personen bestehen. So kann gewährleistet werden, dass zu jeder Stunde gebetet wird.

Ein besonderer Wallfahrtsort ist auch das Kloster in Oberried. Denn hier befindet sich im »neuen« Kloster ein besonderer Schatz: das aus der Mitte des 15. Jahrhunderts stammende, den Kirchenraum beherrschende Wallfahrtskreuz. Der Corpus, den wir heute wieder in seiner ursprünglichen Farbgebung bewundern können, beeindruckt durch die drastische und lebensechte Darstellung des Leidens Christi am Kreuz, zu der natürlich auch die echten Haare beitragen. Es war ebenso wie die Marienstatue von ca. 1500 – wohl aus der Ulmer Schule – bereits im Freiburger Kloster Gegenstand der Verehrung.

Eine sehr fruchtbare und prägende Zeit für das Tal war die Epoche des Barock, eine Zeitspanne, die gleichermaßen von freudiger Lebensbejahung wie von banger Heilsungewissheit geprägt war, von Lebenslust wie von Todesangst. Auch die kämpferische Abgrenzung vom evangelischen Christentum prägt den katholischen Barock. Wie in Kirchzarten erhielten auch die Oberrieder Klosterkirche, die Jakobuskirche in Eschbach, die Kapelle auf dem Giersberg und die auf dem Lindenberg barocke Ausstattungen, durch die diese prägende Epoche bis heute lebendig bleibt.

Neben den bekanntesten Wallfahrtsstätten, Klöstern und Kirchen gibt es zahlreiche Kapellen, Kleindenkmäler und Wegkreuze, die die Menschen aus Hoffnung auf Hilfe und Gerechtigkeit oder aus Dankbarkeit erbauen ließen. Mitten im Ibental, auf dem Weg von Burg am Wald nach St. Peter, entstand so auf einer kleinen Anhöhe die kleine Vaterunser-

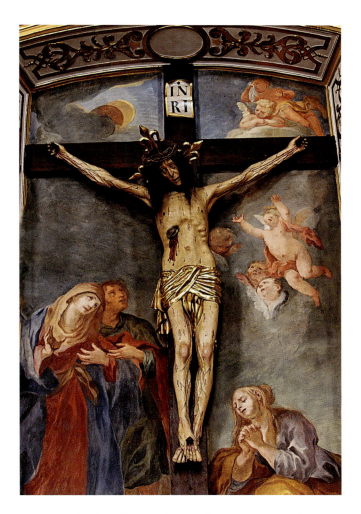

▶ Die eindrucksvolle Gestalt des gekreuzigten Jesus, der früher als »der schwarze Christus von Oberried« bezeichnet wurde, in der nördlichen Seitenwand, ist anatomisch exakt erarbeitet und aus neun Teilen aus Lindenholz zusammengesetzt. Bereits vor 1480 befand es sich in der Freiburger Wilhelmitenkirche, deren Mönche eine eigene Bruderschaft zum Heiligen Kreuz gegründet hatten. Nachdem das Stadtkloster aufgegeben wurde, nahmen die Mönche das Kreuz mit nach Oberried. Bart und Kopfhaar verleihen der Gestalt ein lebendiges Aussehen.

Kapelle, die der Verleger Dr. Theophil Herder-Dorneich im Jahre 1968 aus Dank für die gesunde Rückkehr aus dem Weltkrieg erbauen ließ. Schon der Grundriss, aber auch die Innenausstattung, ist voller christlicher Symbolik. Ein hinter dem Altar in den Boden eingelegtes magisches Quadrat mag dafür ein Zeugnis sein. Dort heißt es: SATOR AREPO TENET OPERA ROTAS. Man stutzt, kann man doch den in Kreuzform gearbeiteten Spruch von oben nach unten, von unten nach oben und auch seitwärts lesen. Diese Formel ist

▶ Warum liest man dieses heidnische »magische Quadrat« aber in einer christlichen Kapelle? Und wie soll man diesen Sator-Text übersetzen? Im Mittelalter schrieb man dem geheimnisvollen Spruch magische Kräfte zu, er diente als Amulett und sollte vor Brand, Viehseuche und Krankheit schützen. Erst 1926 löste ein evangelischer Pfarrer das Rätsel, indem er die verschiedenen Buchstaben auseinandernahm und daraus zwei Mal das »Pater noster« mit Alpha und Omega zusammensetzen konnte. Dr. Theophil Herder-Dorneich übernahm diese Entschlüsselung, weil er es für ein Kryptogramm der ersten Christen hielt, mit denen sie den Weg zu ihren Opferstätten fanden, ähnlich wie mit dem Zeichen des Fisches. Dieses »Pater noster«, »Vater unser« gab der Kapelle den Namen.

► Ein besonderes Zeugnis von den Sorgen der Schwarzwaldbauern gibt ein Gemälde aus dem Jahre 1600. Es befindet sich in der Hauskapelle des Breitehofes zwischen Ebnet und Stegen. Dargestellt ist hier die Geschichte Sankt Fridolins, eines Mönches, der im alemannischen Raum missionierte. Diesem wurden die Schenkungen bei Säckingen streitig gemacht, weshalb er den inzwischen verstorbenen Stifter Urso zum Leben erweckt und mit dessen Hilfe die Schenkungsurkunde als Beweis für den rechtmäßigen Besitz vorgelegt haben soll. Warum aber wird Fridolin als Fürbitter dargestellt? Auch dies offenbart die Inschrift. Zudem geben die Bildnisse unter dem eigentlichen Bild Auskunft. Hier zeigt sich der Bauer Ulrich Hecht im schwarzen Festgewand mit weißer Halskrause kniend, umgeben von seinen zehn Söhnen und zehn Töchtern sowie drei Frauen. Auch die Namen der Personen sind eingezeichnet, manche von ihnen sind mit einem Sterbekreuz versehen. St. Fridolin hilft der Großfamilie bei Kindersterblichkeit und Wochenbettfieber.

bereits aus dem antiken Pompeji bekannt. Das Gotteshaus steht allen christlichen Kirchen für ihre Gottesdienste offen.

Die heute kaum noch im Dreisamtal vorhandenen Sühnekreuze erinnern an eine gesetzlose Zeit, in der die Messer noch locker saßen, und erlaubten Tätern eine spätere Wiedereingliederung in die Gesellschaft. So wurde das kleine Buntsandsteinkreuz, es stammt aus der Zeit um 1500, beim Reesenhof, am Kreisverkehr zwischen Kirchzarten und Zarten, von einem Mörder erstellt, der vom Gericht begnadigt wurde. Zur Buße musste er eigenhändig dieses Kreuz erstellen, nach Einsiedeln und Aachen wallfahren und die Witwe mit ihren Kindern materiell entschädigen.

Am Eingang zum Dreisamtal, an der alten B 31 bei Ebnet, befindet sich das Annenkreuz. Ein Abt vom Kloster St. Märgen soll hier 1356 aus politischen Gründen von Johann Snewlin von Landeck, reichstem Patrizier Freiburgs und Bürgermeister, ermordet worden sein. Wohl um diese Schuld zu sühnen, ließ Anna von Snewlin-Landeck im 16. Jahrhundert an dieser Stelle ein Kirchlein errichten, das bis 1811 stand. Heute erinnern ein Kreuz, eine Stiftung ehrbarer Bauersleute aus dem Jahr 1825 und eine erst vor kurzem er-

► Arma-Christi Kreuz

▶ Annenkreuz in Ebnet

richtete Kapelle an das alte Kirchlein. So wie sich an Kirchen und Klöstern die Baumeister und Künstler der Barockzeit überboten, um die Pracht des Himmels mit Gold und Silber, mit Engeln und Heiligen zur Ehre Gottes darzustellen, so wollten auch die einfacheren Leute auf ihre Art Haus und Hof schmücken, indem sie ausgemalte Hofkapellen für ihr Gebet anlegten und kunstvolle Kreuze, sogenannte Arma-Christi Kreuze, vor ihren Besitz stellten. Diese entstanden aus der emotionalen Auseinandersetzung mit dem Leiden Jesu auf dem Kalvarienberg. Glaubensvolle Betrachtung der Leidensgeschichte führte seit dem Mittelalter zur Darstellung der Passion. Alle Marterwerkzeuge, die man sich ausdenken konnte, schnitzten im langen Winter der Bauer und seine Kinder selbst; den Gekreuzigten fertigte meist ein geübter Meister.

▶ Rechte Seite: Der Ruheberg, von der Ortsmitte von Oberried etwa 15 Minuten entfernt, wird seit 2006 als Naturfriedhof genutzt. Der erste kommunal getragene Berg-Naturfriedhof in Deutschland in der Nähe vom Stollenbach ist von Buchen, Ahornen und Tannen umgeben und stellt eine Alternative zu herkömmlichen Bestattungen dar. Auf Grabschmuck und Grabstein wird verzichtet. Lediglich ein kleines Schild am Baum mit dem Namen des Verstorbenen weist auf die Grabstelle hin. Viele kaufen sich ihre letzte Ruhestätte noch zu Lebzeiten. Neben einzelnen Gräbern kann man ganze Familiengräber erwerben, einen sogenannten Friedhain, einen Baum, Baumstumpf oder Felsbrocken, um den herum bis zu zwölf Urnen beerdigt werden können. Zur Orientierung erhält der Besitzer eine Karte, auf dem das Urnengrab vermerkt ist, denn die Natur verändert sich. Das Grab bleibt ohne Verlängerung 40 Jahre erhalten.

▶ Liebevolle Details ersetzen am Ruheberg bei Oberried herkömmlichen Grabschmuck.

Barbarastollen

Der Barbarastollen diente früher als Abräumstollen für Erz und Silber. Vom Hauptstollen gehen zwei Parallelstollen ab, die jeweils 50 Meter lang und mit Spritzbeton auskleidet sind. Der Sicherheit dienen, nebst mehreren Gittertüren, die speziell hierfür angefertigten Drucktüren. Die Wahl zur Lagerung und Archivierung der Dokumente mit »besonderer Aussagekraft zur Deutschen Geschichte« fiel 1975 auf den Barbarastollen.

Noch vor der Lagerung im Stollen werden die Dokumente von den dafür zuständigen Verfilmungsstellen fachgerecht abfotografiert und von einem Dienstleister in München in Edelstahlbehälter, die 16 Filmrollen erfassen können (dies entspricht 21 km Filmlänge), verpackt. So blieben zum Beispiel bei dem verheerenden Hochwasser in Dresden 2002, als viele Originale zerstört wurden, immerhin die Duplikate in Form von Mikrofilm erhalten. Im Stollen lagern heute rund 900 Millionen Aufnahmen, auf über 29 000 Kilometern Mikrofilm. Mit dieser Menge an Mikrofilm könnte man die Erde am Äquator entlang bis auf ein Viertel komplett umfassen. Damit ist es das größte Filmarchiv in Europa. Der Mikrofilm im luftdicht verschlossenen Edelstahlbehälter, der notfalls noch mit Lupe gelesen werden kann, hat ohne Qualitätsverlust eine Lebensdauer von mindestens 500 Jahren.

Lange Jahre wunderten sich die Oberrieder über die Vorgänge im Barbarastollen und befürchteten gar ein Munitionslager in ihrer Nähe, ehe sie erfuhren, dass sie an einem der meist bewachten Orte in Deutschland wohnen. Der Bergstollen als der »Zentrale Bergungsort der Bundesrepublik Deutschland« war nämlich nach der Haager Konvention

▶ In diesen luftdicht verschlossenen Edelstahlbehältern wird deutsches Kulturgut archiviert.

unter den Sonderschutz der UNESCO gestellt worden. Auf den Mikrofilmbändern befinden sich unzählige Urkunden, Akten, Verträge etc., die für die Geschichte Deutschlands von Belang sind. Das Arsenal ist beachtlich. So stammt die Merowingerurkunde, das älteste Dokument, bereits aus dem 6. Jahrhundert. Neben dem Vertrag zum Westfälischen Frieden von 1648, nach dem Dreißigjährigen Krieg, enthält es u. a. die Krönungsurkunde Ottos des Großen (936).

▶ Seit dem 22. April 1978 unterliegt der Barbarastollen den Regeln der Haager Konvention zum Schutz von Kulturgut. Er ist damit das einzige Objekt dieser Art in Deutschland und hat einen gleichrangigen Status wie der Vatikan in Rom. Gekennzeichnet wird dies durch das dreifach angeordnete blauweiße Kulturgut-Schutzzeichen am Stolleneingang.

▶ Der Barbarastollen ist einer der strengst bewachten Orte in Deutschland. Er wird bewacht durch Alarmanlagen, Videokameras, Personen- und Zugangskontrollen.

Pfeiferberg / Kamelberg

Auf dem Weg vom Dreisamtal nach Freiburg befindet sich an der Grenze von Kirchzarten zu Kappel der Pfeiferberg. Nachdem der Sturm »Lothar« im Winter 1999 über West- und Mitteleuropa hinweggefegt war und zahlreiche Bäume entwurzelt hatte, machte sich Thomas Rees ans Werk. Auf der Wiese am Pfeiferberg errichtete er eine Krippe mit überlebensgroßen Figuren. Mit Motorsäge, Stemmeisen und Hammer bearbeitete er die vielen Baumstümpfe, Wurzeln und Äste. Nach Weihnachten kamen die Figuren von der Wiese am Pfeiferberg wieder an ihren Ursprungsort, eine entwaldete Bergkuppe zwischen Kappel und Kirchzarten, zurück. Das hölzerne Kamel, geschaffen aus der Krone einer entwurzelten Weißtanne, verlieh dem dortigen Berg den Namen Kamelberg.

»Vergänglichkeit« war das Thema der ersten Weihnachtskrippe. Die Auferstehung des zerbrochenen Holzes aus dem Lothar-Chaos in Form von Weihnachtsfiguren und das Zurückkehren und Zerfallen an dem Ursprungsort wurde erlebbar. Der Kamelberg steht für eine Geschichte vom Werden und Vergehen und für die Vergänglichkeit der Dinge.

Der zerstörte Wald hat sich in einer erstaunlichen Vielfalt neu entwickelt. Großteils sind die Skulpturen im Kreislauf

▶ Der Reiter war ein Teil der Weihnachtskrippe von 2008, die um den Baum der Erkenntnis gruppiert war.

▶ Rechte Seite: Die Figur Guck ins Land ist aus Lindenholz und steht an der Wegkreuzung Pfeiferberg mit Blick in Richtung Kirchzarten.

der Natur verschwunden – der Rest ist von Wind, Wetter und dem Zahn der Zeit stark gezeichnet.

Neben dem berühmt gewordenen Kamel und einem riesigen Elefanten sind es Maria und Josef mit dem Jesuskind, die heiligen drei Könige auf einem Nashorn reitend und der nachdenkliche Teufel an der Krippe, die zahlreiche Besucher anlockten.

Von 2002 bis 2008 entstand jedes Jahr eine neue Weihnachtsdarstellung – entweder auf der Wiese am Pfeiferberg oder auf dem Kamelberg. Zuletzt der »Baum der Erkennt-

▶ Mit weitem Blick in das Dreisamtal steht diese Skulptur – der »Baum der Erkenntnis« – seit Juni 2011 am Eingang des Kappler Tales.

nis«, eine Skulptur, die biblische Geschichte und Weihnachten in einem mächtigen Bergahorn vereint.

Skulpturen von Thomas Rees sind auch an vielen anderen Orten zu sehen. So hat er neben den Figuren im Skulpturengarten, der sich neben seinem Wohnhaus befindet, in Freiburg den Skulpturenweg »WaldMenschen« und auch den Innenraum der Anna-Kapelle in Ebnet gestaltet. Beeindruckend ist hier insbesondere der auferstehende Christus.

▶ Aus dem Herzen des auferstehenden Christus entströmen die Mutter Anna und Maria mit dem Jesuskind. Mit der Darstellung der zwei Christusfiguren möchte Thomas Rees Zeit und Ewigkeit sinnbildhaft vereinen.

Der Steinwasen-Park

Der Steinwasen-Park unterhalb des Gipfels des Schauinslands ist ein lohnendes Ziel im Hochschwarzwald. In seiner Bergwelt prägen Felsen, gewaltige Stein- und Geröllhalden und bunte Mischwälder mit ihrer Flora und Fauna die Landschaft. Eingefügt in dieses Panorama sind Attraktionen, die viel Freude und Spaß versprechen.

Früher stand an diesem Ort lediglich ein Gasthaus mit einer kleinen Landwirtschaft, das auch als Poststation diente. Die Lebensbedingungen, wie schon der Name Steinwasen vermuten lässt, waren rau, der Boden gab nicht viel her. Der Hof konnte von Adolf Braun, einem Todtnauer Unternehmer, erworben werden, der sich damit einen Jugendtraum erfüllte und 1974, von seiner Frau Margret engagiert unterstützt, ohne öffentliche Mittel und Subventionen einen Wild- und Erlebnispark errichtete. Von Vorteil ist die verkehrsgünstige Lage an der Verbindungsstraße L 126 von Kirchzarten ins Wiesental. Die Fläche ist mit 45 ha groß genug, um sie weitläufig aufzuteilen und überwiegend einheimischen Tierarten zuzuweisen. Seitdem sind Hirsche, Gämsen, Steinböcke, Sikawild, Mufflons, Wildschweine, Murmeltiere, Waschbären, Rentiere und Luchse im Steinwasen-Park zu Hause. Es ist ein besonderes Erlebnis, die Tiere nicht in engen Gehegen beobachten zu müssen, sondern sie in freier Wildbahn, auf Wiesen, Felsen oder im Wald erleben zu dürfen. Zum Symbol des Parks ist der Luchs geworden, ebenso das Refugium der Steinböcke. An der na-

▶ Der Luchs, das Symbol des Steinwasenparks, wurde in jüngerer Zeit im Schwarzwald wieder ausgewildert, nachdem man ihn bis vor 150 Jahren ausgerottet hatte.

türlichen Felswand kann man die Kletterkünste und die Lebensgewohnheiten dieser urigen Ziegenart mit den mächtigen, bis ein Meter langen Hörnern bewundern.

Der Park ist ein weiter Kessel, den Mischbestände aus Buchen, Tannen und Fichten umsäumen. Ins Tal hinab zieht sich ein Schluchtwald, in dem sich die sonst fast ausgestorbene Ulme erhalten hat. An Geröllhalden und Felswänden haben sich seltene Pflanzengesellschaften entwickelt. Die Wege im Park verlangen etwas Kondition, aber es lohnt sich,

den Steig zum Feldbergblick zu begehen, um den höchsten Berg des Schwarzwalds aus einer ganz ungewohnten Perspektive anzuschauen. Abenteuerlichen Reiz bietet die große Hängeseilbrücke mit dem Blick über den Park zum Schauinsland und zu den gegenüber liegenden Gipfeln.

Adolf Braun war schon bei der Gründung des Parks darauf bedacht, Naturerlebnis und Freizeitspaß zu verbinden. So entstanden Sommerrodelbahnen, die über einen Sessellift erschlossen wurden. Um auch bei nassem Wetter fahren

▶ Rodelspaß auf der 1100 Meter langen Bahn

zu können, wurde eine davon überdacht. Konsequent folgte diesen Überlegungen der Bau eines zentralen Gebäudes, in dem eine Achterbahn, eine 720 Meter lange Bobbahn für den bis 40 Stundenkilometer schnellen Spacerunner, eine Schwarzwaldbahn, 3 Kinos – eines davon in 4D-Technik, Ausstellungen, Gastronomie und ein großer Veranstaltungssaal untergebracht werden konnten. Der größte Teil liegt unter der Erde, das sichtbare Gebäude passt sich mit den großen Dachflächen dem Relief der Landschaft gut an.

▶ Wilde Wasserfahrt: Rundboote werden 20 Meter in die Höhe gehievt, um danach schleudernd in die Tiefe zu rauschen.

Die Verbindung der Themen Natur, Geschichte, Kultur wird im Park immer wieder aufgegriffen wie im Diorama der »Eiswelt« oder besonders eindrucksvoll im Erlebniskino in dem erdgeschichtlichen Film zur Entstehung des Schwarzwalds. Modelle, die kunstfertig naturgetreu gestaltet sind, zeigen dem Besucher die verschiedenen Stile der Schwarzwälder Bauernhöfe, und der Nachbau der Kapelle vom »Hinterbauernhof« in Aha gibt mit seinen schlichten Bauernmalereien einen Einblick in die frühe Frömmigkeit der hier ansässigen Bevölkerung.

Es bedarf immer neuer Attraktionen, um dauerhaft Besucher anzuziehen. So kamen Zug um Zug nach der Hängebrücke der »River Splash« hinzu, eine rasante Wildwasserbahn. Für die Kinder wurde eine eigene Welt mit Burgen, Palisadenbauten und Bewegungsspielen geschaffen. Neu ist auch das Baumhaus, das in seinem Stil an Hundertwasser erinnert und das man über den kleinen See mit einer Seilhängebrücke erreichen kann. Spaß macht es dabei, die großen Forellen zu füttern, die sich in Schwärmen um die Happen balgen. Von da ist es nicht weit zu dem kleinen Streichelzoo mit Hasen, Ziegen und Zwergeseln. Im Pavillon am freien Platz gibt es regelmäßig Kleinkunstauftritte, Kasperletheater, magische Vorführungen und Musikdarbietungen. Der Steinwasen-Park ist Natur- und Erlebnspark in einem und zählt zu den wichtigsten touristischen Attraktionen der Region.

▶ Über 30 Tierarten haben im Zoo eine Heimat gefunden.

▶ Die längste Erlebnis-Hängeseilbrücke der Welt überspannt den Talboden in einer Länge von 218 m.

Birkenhof- und Rainhofscheune

Ein gutes Beispiel für eine Sanierung unter Beibehaltung der historischen Bausubstanz sind die Birkenhof- und die Rainhofscheune im Ortsteil Burg Birkenhof der Gemeinde Kirchzarten. Beide Scheunen wurden gegen Ende des 18. Jahrhunderts erbaut und unter großem Aufwand 2008 und 2009 von Willi Sutter saniert. Ursprünglich befanden sich in der Rainhofscheune eine Motorradwerkstatt und ein Korbladen. Heute gibt es unter dem Dach der rund 2000 qm großen Rainhofscheune ein Gasthaus mit Hotel, das 2010 eröffnet wurde, mehrere Geschäfte und eine Wohngemeinschaft von behinderten und nichtbehinderten Menschen.

Die Birkenhofscheune, die im traditionellen Stil eines Schwarzwälder Bauernhauses erbaut wurde, stand kurz vor dem Abriss. Zuvor stand sie viele Jahre leer und diente als Abstelllager für alte restaurierungsbedürftige Möbel. Mit der Zeit verfiel sie immer mehr. Beim Umbau wurde besonders darauf wert gelegt, die neuesten Methoden der Technik und des Wärmeschutzes zu beachten. So erfüllt die Birkenhofscheune den Standard eines Niedrigenergiehauses und wurde mit überwiegend baubiologischen Baustoffen errichtet. Darüber hinaus wird Regenwasser für Garten und Toiletten gesammelt. Bei beiden Scheunen wurde besonders darauf geachtet, den Gegensatz alter und neuer Bauelemente zu zeigen, so dass der Betrachter hinter der neuen Nutzung eine Vorstellung von den historischen Scheunen bekommen kann. Neben einer Krabbelgruppe wohnen heute Familien und demenziell erkrankte Menschen, für die eine Wohngemeinschaft eingerichtet wurde, in den Wohnräumen der Birkenhofscheune.

▶ 1797 erbaut, gehörte die Birkenhofscheune früher zu dem Gasthaus auf der anderen Straßenseite. Sie wurde als Kuhstall, Tenne und Heulager genutzt.

▶ Lisa Bodsworth ist Ansprechpartnerin für das Konzept Wohn- und Lebenshilfe für Menschen mit Demenz in der Birkenhofscheune und hilft den Demenzkranken bei der Bewältigung ihres Alltags.

▶ Heute finden demenzkranke Menschen in der Birkenhofscheune ein neues Zuhause in einer Wohngemeinschaft mit Betreuung.

Holzwerke Dold Buchenbach –
Mittelständisches Unternehmen mit Familientradition

Auf eine lange Firmengeschichte können die Holzwerke Dold im Wagensteigtal zurückblicken. Seit über 125 Jahren befindet sich der Betrieb in Familienbesitz und ist eine der wichtigsten holzverarbeitenden Firmen im Dreiländereck. Im Säge- und Hobelwerk, der Holzplattenproduktion und bei der energetischen Verwertung von Holzresten sind über 200 Arbeitnehmer beschäftigt. Sämtliche im Werk verarbeiteten Nadelhölzer stammen aus Wäldern, die im Radius von 100 Kilometern rund um die Produktionsstätte geschlagen und dann auf Langholztransportern nach Buchenbach befördert werden. Wichtiger Bestandteil des Holzwerkes ist die Verwertung von Sägeresten im integrierten Heizkraftwerk sowie in der Herstellung von Holzpellets. Sämtliche im Unternehmen produzierte Wärmeenergie wird eingesetzt, um die moderne Holztrocknungsanlage CO_2-neutral betreiben zu können.

▶ Am Sägeleitstand steuert und überwacht ein Holzbearbeitungsmechaniker die Sägemaschine.

Die Halstrup-Walcher-Gruppe Kirchzarten

▶ Mechatronik, Getriebe und Sensoren aus Kirchzarten   ▶ CNC-Bearbeitungszentrum

Operationssäle, Konzerthäuser und viele andere Gebäude benötigen ein passendes Raumklima. Die in Kirchzarten ansässige Halstrup-Walcher-Gruppe hat sich seit 1946 auf die Entwicklung und Fertigung der dafür notwendigen Drucksensoren spezialisiert. Zwei weitere Geschäftsbereiche, Getriebetechnik und Mechatronik, sind auf die Entwicklung und Herstellung von Mechanik, Elektronik und Software für Anwendungsgebiete im Maschinenbau spezialisiert. In Kirchzarten produzierte Positionierungssysteme tragen z. B. dazu bei, die Rüstzeiten von Maschinen deutlich zu reduzieren. In den beiden Firmen halstrup-walcher GmbH und Walcher Meßtechnik GmbH sind rund 100 Mitarbeiter beschäftigt.

Friedrich-Husemann-Klinik

Die anthroposophisch orientierte Fachklinik in Buchenbach ist in Fachkreisen sehr bekannt. Der Gründer Friedrich Husemann (1887–1959), ein Pastorensohn aus Westfalen, hatte die Klinik 1928 erworben und richtete diese nach anthroposophischem Leitbild aus. Während des Nationalsozialismus ist es ihm gelungen, mit persönlichem Mut und großem Geschick alle die im Sanatorium Wiesneck, wie die Klinik damals hieß, lebenden geistig behinderten Kranken vor der Vernichtung sogenannten »unwerten Lebens« zu bewahren. Das von gesetzlichen und privaten Kassen anerkannte Fachkrankenhaus für Psychiatrie und Psychotherapie hat sich vor allem der anthroposophischen Heilkunst verschrieben. Anthroposophische Medizin versteht sich dabei nicht als Alternative zur modernen naturwissenschaftlichen Medizin, denn Psychopharmaka werden ebenso verschrieben wie auch Psychotherapie angewendet wird, sondern als erweiterte ganzheitliche Behandlungsform, die das Zusammenspiel von Körper, Geist und Seele in Diagnose und Therapie einbezieht. Behandelt werden in der Klinik hautsächlich depressive Störungen, aber auch Patienten mit Schizophrenie und anderen psychischen Erkrankungen finden hier eine Anlaufstelle. Während der oft mehrwöchigen Behandlungen akut psychisch erkrankter Menschen wird bewusst auf Radio- und Fernsehgeräte verzichtet. Die dadurch gewonnene Zeit kann der Patient durch eine Vielzahl individueller Behandlungs- und Freizeitangebote nutzen. Neben therapeutischen Einzelgesprächen gehören unter anderem Malen, Schnitzen, Flechten, Weben, Eurythmie sowie Aufmerksamkeits-, Beobachtungs- und Willensübungen zum Tagesprogramm. Auf den einzelnen Stationen werden bis zu 103 Patienten nach einem sorgfältigen auf

▶ Die Friedrich-Husemann-Klinik ist die einzige psychiatrische Fachklinik weltweit, deren Ausgangsbasis die Anthroposophie ist.

▶ Michael Bubenzer, seit langen Jahren im Bereich Therapie an der Friedrich-Husemann-Klinik tätig, hat das Rasenlabyrinth angelegt.

das individuelle Krankheitsbild abgestimmten medizinisch-therapeutischen Konzept behandelt. Im Jahr 2008 waren es knapp 1000 Patienten, die in der Buchenbacher Klinik Hilfe gefunden haben.

▶ Im Jahr 2008 entstand in der Friedrich-Husemann-Klinik ein Rasenlabyrinth nach dem Modell von Chartres aus Anlass eines »Tages der offenen Tür«. Für diesen Tag haben einige Mitarbeiter verschiedene Projekte zu einem Sinnespfad nach den Ideen des Architekten Hugo Kükelhaus verwirklicht. Das Rasenlabyrinth und ein Barfußpfad konnten bis heute weitergepflegt werden. Durch die zentrale Lage im Klinikgelände wird das Labyrinth nicht nur von den Patienten fleißig genutzt, auch Wanderer sind oft dort anzutreffen. Vor allem locken Kinder ihre oft etwas zurückhaltenden Eltern hinein.

Beim Gang durch das Labyrinth werden durch den Aufbau des Ganzen Erlebnisse wach, die in der umkreisenden Annäherung an die Mitte Grundzüge des menschlichen Lebens berühren. Dieses Erlebnis von Ziel und Sinnhaftigkeit des Lebenslaufes muss auch den mittelalterlichen Kathedralbaumeistern vorgeschwebt haben, als sie diese Labyrinthform in ihre Kirchen einbauten.

Das Labyrinth wird im Jahr etwa vier Mal gemäht und muss immer wieder korrigiert werden, da es langsam aus der Form gerät. Der jetzige ehrenamtliche Mäher ist 63 Jahre alt und hofft, die Pflege noch etliche Jahre weiterzubetreiben.

Schauenberg aus Kirchzarten –
Stahlbauer in der ganzen Welt

Mit seinen Fertigungswerken in Ihringen am Kaiserstuhl, Leipzig, Iran und Tschechien gehört Stahlbau Schauenberg aus Kirchzarten zu den bedeutendsten Unternehmen im Dreisamtal. Die international aufgestellte Firmengruppe, die 1958 von Wilhelm Schauenberg gegründet wurde, beschäftigt insgesamt 500 Mitarbeiter. Stahlbau Schauenberg konstruiert, fertigt und montiert Stahlkonstruktionen sowohl für große Industrieanlagen als auch schlüsselfertige Gewerbebauten. Das Auftragsspektrum reicht von gewerblich genutzten Gebäuden in heimischen Gefilden bis zu Raffinerie- und Industrieanlagen in der ganzen Welt. In Kirchzarten und anderen Standorten vorgefertigte Stahlelemente werden ähnlich einem Bausatz verschickt und von einem hoch qualifizierten Team an Ort und Stelle montiert.

▶ Richtfest der 2. Fertigungshalle (1962)

▶ Stahlbau Schauenberg heute

SIKO – Messtechnik aus Unteribental

▶ Hauptsitz der Firma in Buchenbach-Unteribental

Durch den ständigen Erfahrungsaustausch mit Spezialisten aus Wissenschaft und Technik ist es der Firma SIKO aus Unteribental gelungen, sich mit digitalen Positionsanzeigen als Marktführer auf dem Weltmarkt zu etablieren. Die Kunden der SIKO GmbH, die knapp 170 Mitarbeiter beschäftigt, kommen aus unterschiedlichsten Branchen. Längen- und Winkelmesssysteme sowie Antriebstechnik werden sowohl bei der Holzbearbeitung als auch bei der Herstellung von Papier und im Bereich der Verpackungstechnik verwendet. Mit Tochtergesellschaften in Italien, der Schweiz, China und den USA sowie mit Handelsvertretungen in rund 50 Ländern verfügen Geräte »made by SIKO« weltweit über einen ausgezeichneten Ruf.

▶ Montage von Messsystemen

▶ Löten von Anschlusskabeln an bestückten Platinen

Testo Industrial Services GmbH Kirchzarten

Die »Testo Industrial Services GmbH« Kirchzarten ist einer der größten Arbeitgeber im Dreisamtal und ist auf die Kalibrierung, Qualifizierung und Validierung von Anlagen und Geräten spezialisiert. In akkreditierten Laboren und beim Kunden vor Ort kalibrieren die Mitarbeiter eine Vielzahl thermodynamischer, elektrischer, dimensioneller und mechanischer Messgrößen nach höchstem internationalen Standard. Zu den Kunden zählen viele namhafte Unternehmen aus den Bereichen Pharma/Life Sciences bis hin zur Automobil-/Automobilzulieferindustrie. Die »Testo Industrial Services GmbH« ist 100%-Tochter der Testo AG in Lenzkirch, dem Weltmarktführer im Bereich tragbarer Messtechnik. Die Dienstleistungstochter des Global Players Testo ist auf internationalem Wachstumskurs: Tochtergesellschaften bestehen bereits in Spanien, Frankreich und der Schweiz, weitere Filialen im europäischen Ausland sind in Planung.

▶ Kalibrierung in akkreditierten Laboren

▶ Haupteingang der »Testo Industrial Services GmbH«

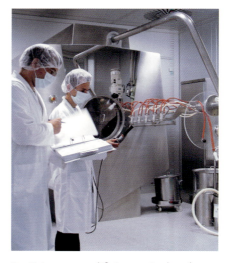

▶ Reinraumqualifizierung in der pharmazeutischen Industrie durch den GMP Compliance Service der Testo

Wandres in Wagensteig –
Reinigungssysteme für die industrielle Produktion

Auf eine überaus erfolgreiche Firmengeschichte kann die im Buchenbacher Ortsteil Wagensteig ansässige »Wandres GmbH micro-cleaning« zurückblicken. Der Firmengründer Claus G. Wandres begann im Jahr 1981 in den Kellerräumen seines Reihenhauses mit der Herstellung von Reinigungssystemen zur industriellen Produktion. Der breit gefächerte Kundenkreis erstreckt sich von der Automobil- und Elektronikbranche über die Glas- und Kunststoffindustrie bis hin zur Papier-, Druck- und Möbelbranche. Schwertbürsten »made in Wagensteig« befinden sich mittlerweile weltweit im Einsatz und haben sich als internationales Markenzeichen etabliert. Seit 1998 produziert ein Tochterunternehmen in den USA.

▶ Schwertbürste für roboterbasierte Reinigung z. B. vor der Karosserie-Endlackierung

▶ Teambesprechung in der Endmontage

▶ Moderne Produktion unter dem Schwarzwalddach

Gasthaus Himmelreich

Arbeitgeber, die geistig Behinderte und Nichtbehinderte zu denselben Konditionen beschäftigen, sind in unserer Gesellschaft eine Ausnahmeerscheinung. Der Hotel- und Gastronomiebetrieb »Hofgut Himmelreich«, direkt an der Bahnstrecke zwischen Freiburg und Donaueschingen gelegen, gehört dazu. Unter dem Motto »Man sieht nur mit dem Herzen gut« arbeiten dort Menschen mit und ohne Behinderung seit Jahren erfolgreich in einem Team zusammen. Mit diesem Engagement sollen die Chancen auf ein selbstbestimmtes und selbstverantwortliches Leben verbessert werden. Dazu bietet die »Integrative Akademie Himmelreich«, die seit 2006 von der Hofgut Himmelreich GmbH und dem Verbund der Diakonie Baden getragen wird, eine viel beachtete neue Form der Förderung des Zusammenlebens von Menschen mit und ohne Behinderung. In der Akademie werden die Schüler mit allen ihren Individuali-

▶ Der Gasthof Himmelreich, der Behinderte und Nichtbehinderte gleichbehandelnd anstellt, bietet eine exzellente regional saisonal ausgerichtete Küche. Schon Marie Antoinette kehrte auf ihrer Brautfahrt nach Paris 1770 in diesem Gasthof ein.

täten gefördert, gleichzeitig wird allerdings auch ein Programm für die gesamte Schulklasse entworfen und umgesetzt. Die Schüler werden für die Berufsfelder Hotel- und Gaststättengewerbe ausgebildet. Aber nicht nur Menschen mit Behinderung erhalten hier eine Berufsberatung wie auch Teilausbildungen und Fortbildungen, sondern auch Arbeitgeber können sich hier beraten lassen. Darüber hinaus finden regelmäßig Fachtagungen und Veranstaltungen zu diesem Thema statt. Neben dem integrativen Gasthofbetrieb und der Akademie betreibt die GmbH einen Kiosk und das Reisebüro im Bahnhof Himmelreich.

► Hier können Städtetrips und Bahnfahrkarten gekauft und gebucht werden. Im Besonderen zeichnet sich das Reisebüro aber auch als Anlaufstelle für Fragen zu Reisen für Menschen mit Behinderung aus.

Gasthof Adler

Im Dreisamtal gibt es eine Reihe alter, traditionsreicher Gasthöfe. Oft strahlen ihre Stuben den Charme eines Schwarzwaldhofes aus, aber auch moderne Elemente sind in den Gasthäusern und ihren Hotels häufig vorzufinden.

In der Nähe des Dorfzentrums in Buchenbach befindet sich das Gasthaus Adler. Besonderen Wert legt das Haus auf die Verwendung regionaler Produkte, wie beispielsweise Rind- und Schweinefleisch aus eigener Haltung.

Gasthaus zum Bären

Das Gasthaus zum Bären in Zarten wurde das erste Mal 1502 als Hofgut urkundlich erwähnt. Seit 1608 ist es im Besitz der Familie Steinhart. Der Name »zum Bären« wurde dem Gasthaus 1784 verliehen.

Fortuna

Mitten in der Fußgängerzone in Kirchzarten befindet sich das drei Sterne Gasthaushotel Fortuna. Das Haus kombiniert moderne Tagungsräume mit einer gemütlichen Schwarzwaldstube.

Zum Goldenen Adler

Der Goldene Adler ist der älteste Gasthof in Oberried. Im Jahre 1395 wurde er zum ersten Mal erwähnt. Viele kleine Einrichtungsgegenstände erinnern an die alte Schwarzwälder Tradition, die besonders im extra eingerichteten und angrenzenden kleinen Schwarzwaldstüble zur Geltung kommt.

▶ In der gegenüberliegenden Adler-Scheune mit dem alten Adler-Gewölbe-Weinkeller standen früher die Postkutschenpferde, die Kutscher wurden in der Wirtschaft mit Speis und Trank versorgt.

Sonne

Das heutige Gasthaus Sonne mit Hotel in Kirchzarten wird in der 7. Generation geführt. Urkundlich wurde es 1631 das erste Mal erwähnt. Zunächst wurde das Anwesen für landwirtschaftliche Zwecke genutzt, ehe später ein Gasthof hinzukam. Das Traditionsgasthaus Sonne hält für seine Besucher eine ganz besondere Überraschung bereit: ein Hotelzimmer im Schwarzwaldpopstil.

Sternen Post

Seit 1875 besteht der historische Gasthof Sternen Post in Oberried, der bereits zwei Mal von Michelin ausgezeichnet wurde. Bei der Herstellung der im Landhausstil gehaltenen Inneneinrichtung wurde besonders darauf geachtet, heimatliches Holz zu verwenden.

Bücher zum Weiterlesen

Althaus, Hermann: Kreuze, Bildstöcke, Grenzsteine im Dreisamtal und dessen Umgebung, 2002.

Ders.: Der Markenhof in Kirchzarten u. seine Synagoge, in: Bad. Heimat, 2000/2.

Ders.: Die Herderkapelle bei Freiburg, Andachtsstätte voller Symbolik, in: Bad. Heimat, 2000/4.

Armbruster, Fritz: Die Freiburger Talvogtei im Dreisamtal, Diss. Freiburg 1950.

Ders.: Die Freiburger Talvogtei im Dreisamtal, in: Metz, Friedrich (Hg.): Vorderösterreich. Eine geschichtliche Landeskunde, 4. Auflage, 2000.

Freiburg im Breisgau, Stadtkreis und Landkreis. Amtliche Kreisbeschreibung. Staatl. Archivverwaltung BW, Bd. II, 1. Halbband, 1972.

Feger, Robert: Ritter, Fürsten und Melusinen. Geschichte und Geschichten von Burgen und Schlössern in Südbaden, 1978.

Gothein, Eberhard: Der Breisgau unter Maria Theresia und Josef II., 1907.

Haselier, Günther (Hg.): Kirchzarten. Geographie – Geschichte – Gegenwart. Festbuch zur Zwölfhundertjahrfeier, 1966.

Haumann, Heiko / Schadek, Heinz (Hg.): Geschichte der Stadt Freiburg, Bd. 2 u. 3, 1992.

Heitz, Claudius: Die Revolution von 1848/49 im Dreisamtal, in: Huggle, Ursula / Rödling, Ulrike (Hg.): Unsere Heimat Buchenbach, 1996.

Hilger, Wolfgang: Höfe und Gebäude im Kirchspiel Oberried in früherer Zeit. Beiträge zur Oberrieder Geschichte, 2003.

Hug, Wolfgang: Geschichte Badens, 1992.

Huggle, Ursula / Rödling, Ulrike (Hg.): Unsere Heimat Buchenbach. Vom Kirchspiel zur Gemeinde. 1996.

Kageneck, Alfred v.: Das Ende der vorderösterreichischen Herrschaft im Breisgau, 2000.

Kern, Franz: Das Dreisamtal mit seinen Kapellen und Wallfahrten, 4. Auflage, 1997.

Ders.: Der Giersberg. Das Marienheiligtum im Dreisamtal, 1989.

Klein, Bernhard: Brand und Wiederaufbau der Dorfmitte von Kirchzarten bei Freiburg. 1807–13, in: Stadt und Geschichte. Neue Reihe des Stadtarchivs Freiburg im Breisgau, Heft 11, 1987.

Küster, Jürgen: Das Narrenfest der Höllenzunft. Vom Karneval zur Vereinsfasnet in Kirchzarten 1935–1985, 1985.

Lange, Jörg: Die Dreisam. Vergangenheit, Gegenwart, Zukunft, 2007.

Mangei, Bernhard: Herrschaftsbildung von Königtum, Kirche und Adel zwischen Oberrhein und Schwarzwald. Untersuchungen zur Geschichte des Zartener Beckens von der merowingischen bis zur salischen Zeit, Diss. phil. Freiburg, 2003/04 (URL:http://freidok.ub.uni-freiburg.de/Volltexte/1295/).

Metz, Friedrich (Hg.): Vorderösterreich. Eine geschichtliche Landeskunde, 4. Auflage, 2000.

Moser, Dietz-Rüdiger: Nationalsozialistische Fasnachtsdeutung. Die Bestreitung der Christlichkeit des Fastnachtsfestes als zeitgeschichtliches Phänomen, in: Zeitschrift für Volkskunde 79 (1983).

Müller, Wolfgang: Anfänge des Christentums und der Pfarrorganisation im Breisgau, in: Schauinsland 94/95, 1976/77.

Pölzl, Johanna: Spuren von gestern. Kirchzartener Persönlichkeiten, 2010.

Dies.: Wie die Kirche ins Dorf kam, 2011.

Quarthal, Franz / Wieland, Georg: Die Behördenorganisation Vorderösterreichs von 1753–1805, Bd. I, 1977.

Rombach, Peter: Unbekanntes Dreisamtal, 2006.

Rösch, Joseph: Freiburger Adresskalender für das Jahr 1851, Stadtarchiv Freiburg.

Ruhl, Klaus-Jörg: Heimat im Bild. Kirchzarten. Ein Streifzug durch Geschichte und Gegenwart, 1985.

Schadek, Hans / Zotz, Thomas (Hg.): Freiburg 1091–1120 Neue Forschungen zu den Anfängen der Stadt (Archäologie und Geschichte), 1995.

Schmid, Adolf: Ebnet im Dreisamtal, 1999.

Schmid, Karl (Hg): Kelten und Alemannen im Dreisamtal. Beiträge zur Geschichte des Zartener Beckens. Veröffentlichungen des Alemannischen Instituts, Bd. 49, 1983.

Schneider, Hans Konrad / Röhrl, Fritz (Hg.): Zauberisches Dreisamtal, 1983.

Ulbrich, Claudia: Leibherrschaft am Oberrhein, 9 (Veröffentlichung d. Max-Planck-Instituts für Geschichte), 1979.

Wagner, Heiko: Oberrhein. Theiss Burgenführer, 2003.

Ders.: Die keltische Großsiedlung Tarodunum im Dreisamtal, in: Berichte der Naturforschenden Gesellschaft zu Freiburg i. Br., Bd. 99, 2009, S. 175–194.

Ders.: Tarodunum und das Zartener Becken in der keltischen Zeit, in: Kleiber, Wolfgang (Hg.): Tarodunum/Zarten – Brigobannis/Hüfingen. Kelten, Galloromanen und frühe Alemannen im Schwarzwald in interdisziplinärer Sicht, 2009, S. 21–53.

Weber, Max: Die Kirchzartener Geschichte, in: Haselier, Günther (Hg.): Kirchzarten. Geographie – Geschichte – Gegenwart, 1966.

Wellmer, Martin: Der vorderösterr. Breisgau, in: Metz, Friedrich (Hg.): Vorderösterreich. Eine geschichtliche Landeskunde, 4. Auflage, 2000.

Zettler, Alfons / Zotz, Thomas (Hg.): Die *Burgen* im mittelalterlichen *Breisgau*. I. Nördlicher Breisgau Halbband A–K, 2003; II. Nördlicher Breisgau Halbband L–Z, 2006; III. Südlicher Breisgau Halbband A–K, 2009.

Zotz, Thomas: Siedlung und Herrschaft im Raum Freiburg am Ausgang des 11. Jh., in: Neue Forschungen zu den Anfängen der Stadt (Archäologie und Geschichte), 1995.

Ders.: St. Gallen im Breisgau. Die Beziehungen des Klosters zu einer Fernzone seiner Herrschaft, in: Alemannisches Jahrbuch 2001/2002 (2003).

Ders.: Der Südwesten im 8. Jh. Zur Raumordnung und Geschichte einer Randzone des Frankenreiches, in: Nuber, Hans-Urlich / Steuer, Heiko / Zotz, Thomas (Hg.): Der Südwesten im 8. Jh. aus historischer und archäologischer Sicht, 2004.

Autoren

Hermann Althaus, Studiendirektor, Autor des Buches: Kreuze, Bildstücke, Grenzsteine im Dreisamtal, sowie mehrerer Aufsätze zur Geschichte des Dreisamtals in der Badischen Heimat. *Textbeiträge: Nepomuk, Sühnekreuze, Arma-Christi Kreuze*

Eberhard Breckel, Oberstudiendirektor, Schulleiter des Kollegs St. Sebastian. *Textbeiträge: Gasthaus Himmelreich, Schulen im Dreisamtal*

Dr. Claudius Heitz, Historiker mit Schwerpunkt Regionalgeschichte; Studienrat am Kolleg St. Sebastian. *Textbeitrag: Religiöse Orte*

Prof. Dr. Wolfgang Hug, Professor für Geschichte und ihre Didaktik an der Pädagogischen Hochschule Freiburg; Autor zahlreicher Bücher und Beiträge zur Landesgeschichte. *Textbeitrag: Landwirtschaft im Wandel*

Erwin Lauterwasser, Forstpräsident a. D., während drei Legislaturperioden Vorsitzender des Beirats Umwelt und Sport beim Bundesministerium für Umwelt, Naturschutz und Reaktorsicherheit. *Textbeiträge: Der Wald, Steinwasenpark*

Jürgen W. Müller, Vorsitzender der Freunde der Klosterbibliothek Oberried e.V. *Textbeiträge: José Cabral, Klosterbibliothek Oberried*

Andreas Peikert, Freier Journalist mit Schwerpunkt Lokalpolitik in Freiburg und Umgebung. *Textbeiträge: Ortsportraits, Husemannklinik, Unternehmensportraits*

Johanna Pölzl, Oberstudienrätin, Autorin zweier Bücher zur Ortsgeschichte Kirchzartens. *Textbeiträge: Kurzer Abriss der Geschichte des Dreisamtals, Markenhof*

Anton Schlaier, Redakteur beim SWR. *Textbeitrag: Der Golfclub*

Dr. Heiko Wagner, Archäologe, Publikationen zur keltischen und römischen Besiedelung im Schwarzwald und zu mittelalterlichen Burgen. *Textbeitrag: Kurzer Abriss der Geschichte des Dreisamtals*

N.N.: *Textbeitrag: Das Dreisamtal und die Dreisam*

Impressum

© Verlag Herder GmbH, Freiburg im Breisgau 2011
Alle Rechte vorbehalten
www.herder.de

Satz, Layout, Repro: post scriptum, Emmendingen / Hinterzarten
Herstellung: fgb · freiburger graphische betriebe
www.fgb.de

Gedruckt auf umweltfreundlichem,
chlorfrei gebleichtem Papier
Printed in Germany

ISBN 978-3-451-30624-2

Bildnachweis

Michael Bamberger: S. 102, 103; Bernd Blattmann: S. 14/15 unten, S. 18, 19, 20, 21, 25, 26, 27, 28, 30, 31, 45, 46, 62, 63, 66 oben, 76, 77 oben, 78, 79 rechts oben und links, 80, 81, 82/83, 114 links, 115 oben, 116 links, 118 oben, 119, 121, 130, 148, 150, 151, 152, 153; Bevölkerungs-Bundesamt für Schutz und Katastrophenhilfe: S. 126, 127; Herbert Dold: S. 138; Dreisam Druck: S. 158/159; Klaus Echle: S. 34/35; Andreas Färber / post scriptum: S. 112/113, 118 unten; Jürgen Gocke: S. 144 links; Jörg Herfart: S. 139 unten; Jan Herud: S. 86; Hofgut Himmelreich: S. 147 oben; Axel Killian: S. 133 oben; Stefan Krauss / post scriptum: S. 36 oben, 38 oben, 59 oben; Armin Küstenbrück: S. 97 oben; Erwin Lauterwasser: S. 36 unten, 39; Martin Läufer: S. 67; Thomas Lenbach: S. 144 rechts; Michael Löffler: S. 131, 132, 134; Jürgen W. Müller: S. 85; Karl-Heinz Raach: S. 32/33; Jörg Sauter: S. 50 oben; Firma Schauenberg: S. 142 oben; Daniel Schoenen: S. 135 unten; Marco Schweier: S. 37 oben; Wolfgang Seger: S. 133 unten, 135 oben; SIKO GmbH: S. 143; S. P. Helicopter-Service GmbH: S. 142 unten; TIS Grafik, Kirchzarten: S. 145; Fototeam Vollmer: S. 139 oben; Thomas Zipfel: S. 95; alle übrigen: Bertram Walter

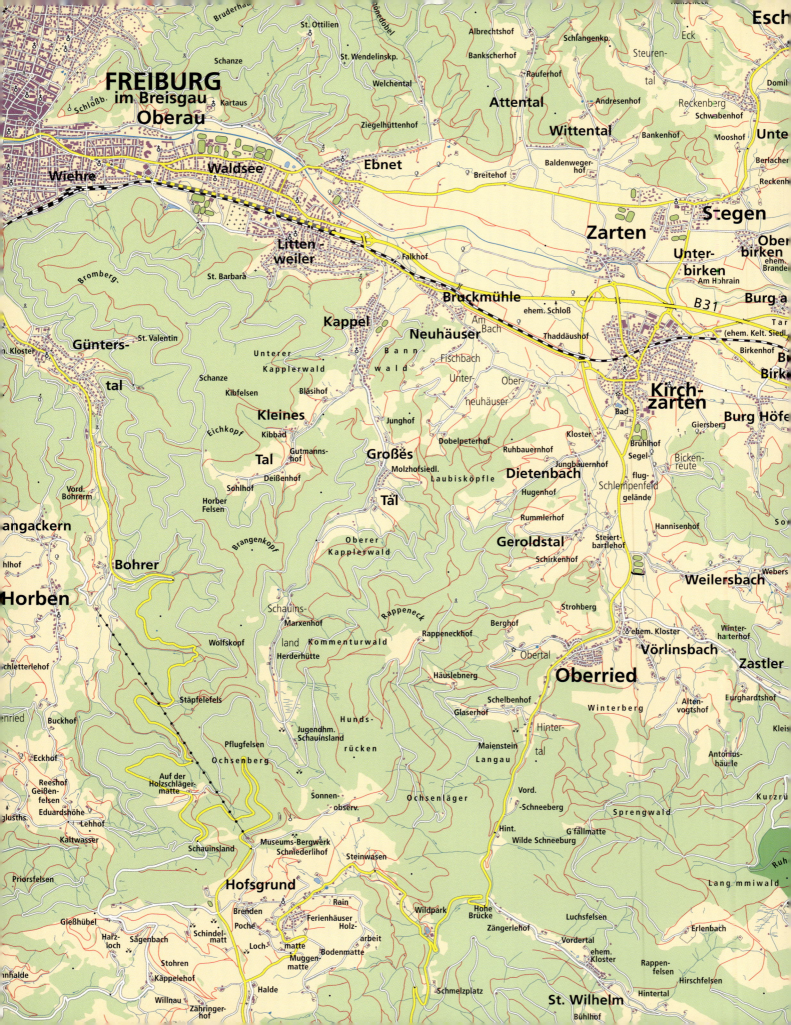